Otra lectura de "La feria" de Arreola: Las viñetas de Vicente Rojo

Presentada en el 2018 en los "XI Coloquios arreolinos" del Centenario de Arreola

Fernando Castro Chávez

DEDICATORIA

A todos aquellos que buscan lo auténtico, lo primigenio y lo original. A todos aquellos que aprenden cada día del buen ejemplo en la vida y en la obra de Juan José Arreola. A las futuras generaciones de buenos educadores y escritores del planeta.

CONTENIDO

AGRADECIMIENTOS

A Orso Arreola Sánchez, por permitirme hablar acerca de las ilustraciones que su padre, mi mejor educador y escritor, eligiera para ilustrar estratégicamente a su obra de "La feria", y por sugerirme el título para mi presentación y para este libro. A Virginia Arreola Zúñiga, por darme su confianza para escribir acerca de la clase que su hermano me daba, y por escribirme el Prefacio de "Arreolanza", mi otro libro que fuera la base inspiradora para escribir y presentar esto así como su anexo más detallado y llamado: "Comentarios a "La feria" de Arreola". A Sara Poot Herrera, por haber investigado de una forma inspiradora para mí la obra de Arreola. José Antonio Cortés, director de la Biblioteca Juan José Arreola, por su apoyo con los libros que requerí para hacer mi primer libro y por regalarme el de "La feria" de 1966. A mis padres Manuel Castro Dávila y María Cristina Chávez Arroyo por apoyarme incondicionalmente en todos los aspectos durante todos los tiempos en los que lo he necesitado. Al niño de diez años Gael Alejandro Pérez Venegas y a Luis Méndez Martínez, por ayudarme a identificar y a comparar a las viñetas. A Gabriela Rodríguez y colaboradores, por hacer de mi presentación una experiencia placentera. A Rilj H. y Arelii G. Ávalos, por haber capturado lo mejor de todo esto. Al profesor Juan Manuel Sánchez Ocampo, por todo su apoyo pasado, presente y futuro. A Gilberto Moreno, por motivarme a presentar este trabajo en los "Coloquios arreolinos" precisamente en el centenario del nacimiento de Juan José Arreola.

INTRODUCCIÓN

El haber realizado esta presentación, para mí es como mi graduación de mis estudios de "Artes y letras", ya que explorar algo que no se ha hecho antes desde que Arreola publicara su libro de "La feria" en 1963, es un alto honor del que me siento agradecido y satisfecho.

Mucha gente intenta beneficiarse de Arreola, muchos son mitómanos e inventan historias de su amistad con él o de sus experiencias ficticias con él con el propósito de sentirse grandes, y luego intentan adueñarse de la obra del autor o aún adulterarla.

En mi caso, lo único que yo pretendo ahora es que la obra de "La feria" sea restaurada a su diseño original de Arreola, a quien realmente valoré por lo bueno que me enseñó desde que yo era niño, y que sigo aprendiendo conforme lo estudio más.

De esos muchos aduladores y violadores de la obra de Arreola, los más recientes y notables son los mismos que hasta la fecha conservan los derechos de publicar su obra completa, la "Editorial Planeta Mexicana", la que ha reemplazado todas las viñetas de "La feria".

¿Y por qué es importante todo esto? Porque, como lo veremos en esta mi presentación magna, o al menos así la considero yo, Arreola mismo pensó cuidadosamente el orden que le daría a cada dibujo realizado por el gran artista del exilio Vicente Rojo Almazán.

Por favor, permítanme explicarme mejor y en conciso: "la feria" fue diseñada por Arreola en múltiplos de tres, por lo cual es necesario restaurar las cinco viñetas originales de la portada de 1963 y ponerlas, aunque sea en una hoja interior antes de los epígrafes de Isaías y de F. Mistral así como el resto de las 289 viñetas internas en el orden de 1963,

Eso es todo lo que mis investigaciones piden a los que de aquí en adelante publiquen esta obra de "La feria" de Juan José Arreola. El resto, es el deleite personal en haber descubierto una lectura secreta y temática al ordenar los fragmentos según las viñetas que los encabezan.

Sin más por el momento, les dejo mi propia transcripción de la conferencia que yo ilustrara con transparencias, las cuales también anexo, así como apéndices de un texto relacionado, una carta y fotos del evento; les dejo los nexos a mi presentación, y al libro detallado:

Presentación: https://www.youtube.com/watch?v=YBfdqg83yVY
Libro impreso y electrónico, respectivamente:
Libro: https://www.amazon.com/gp/product/1719996792
Kindle: https://www.amazon.com/gp/product/B07GZZ9ZWS

Atentamente,

Fernando Castro Chávez, PhD
Desde Zapotlán el Grande.
19 de octubre del 2018.

OTRA LECTURA DE "LA FERIA". XI COLOQUIO ARREOLINO DEL CENTENARIO: 2018

Por Fernando Castro Chávez [autor, ponente, grabador y editor de este texto; (con *notas en itálicas*)].

Moderador: Orso Arreola Sánchez.

Grabación de los primeros tres renglones y de la presentación a distancia: Rilj Herschel (Ávalos).

Lugar: Casa Taller Literario Juan José Arreola (la antigua cabaña de Arreola).

Fecha: 5 de octubre del 2018 (Centenario del nacimiento de Arreola): ~8:30 PM a 9:09 PM.

ENTRADA:

Antes de comenzar con la presentación, lo que estaba yo proyectando eran las 80 viñetas de Vicente Rojo en tamaño grande, con música de fondo de "La Bikina", de Rubén Fuentes en el siguiente video: https://www.youtube.com/watch?v=peOw85wX1W0 Luego le puse pausa en "El abrojo" mientras que Orso dio inicio diciendo:

Orso: …Sean bienvenidos con verdadera alegría, los recibimos el día de hoy, y sobre todo porque es la quinta jornada del onceavo "Coloquio arreolino" de Zapotlán el Grande, Jalisco, y se da en el marco del centenario del natalicio de Juan José Arreola, y esto nos ha llevado a que cada coloquio esté dedicado a la aplicación de investigadores, doctores, especialistas, yo diría "Arreolistas", en la obra del escritor, y esto nos lleva a recapitular un poco lo que hace nuestro coloquio; ha estado Felipe Garrido, director de la "Academia Mexicana de la Lengua", ha estado por ejemplo Felipe Vázquez, investigador notable que ha hecho dos libros, pero dos libros críticos muy serios y profundos sobre la obra de Juan José Arreola, y también la doctora Sara Poot Herrera, que vino de la universidad del U.C.L.A., de Los Ángeles, California, Estados Unidos (*nota del editor: del Campus de Santa Bárbara*), también el doctor Pablo Brescia, que vino de la Universidad de Florida, en fin, Pablo Brescia ha escrito mucho sobre Jorge Luis Borges, sobre Cortázar, sobre Arreola, y sus textos son magníficos, casi diríamos doctorales, sobre la obra de Arreola desde un punto de vista crítico. Y bueno, hemos continuado con una serie de conferencias de escritores locales (*nota: un autor local presentaría al día siguiente en la clausura de las conferencias: Víctor Manuel Pazarín, autor de "Arreola, un taller continuo"*); hemos invitado a Ricardo Sigala a la inauguración, que él participó, a José Luis Pérez Amezcua también, que fue coordinador de letras del Centro Universitario del Sur, de la universidad que tiene su sede aquí (*nota: la Universidad de Guadalajara, campus CUSur*); y en fin, hemos estado tratando de reconstruir todo ese legado literario que nos deja Juan José Arreola a través de su obra, en particular su obra literaria, y para mí es un gusto recibir hoy aquí conmigo a... (*nota: sonido musical del teléfono celular de Orso*) perdón, no apagué mi celular, es que sucede que mañana vamos a tener aquí a 150 personas, vienen a jugar un torneo de ajedrez, permítanme esa digresión, por favor, mañana vienen cien jugadores de varios estados del país y de otros países, a jugar aquí un torneo, porque el ajedrez para Juan José Arreola era su pan cotidiano, era su deporte favorito, su acción mental; yo recuerdo muchas veces cuando escribí "El último juglar" (nota: obra biográfica de su padre, para los años de 1937 a 1969) que mi padre me citaba diario porque él ejercitaba su memoria, un día descubrí que le gustaba jugar ajedrez diario porque quería comprobar su capacidad asertiva, su capacidad de conciencia, a más de 80 años, ¿no?, y eso yo lo celebro mucho, no se ustedes, por eso escribí "El último juglar" para que no se me olvidara, a mucha gente y a otros escritores esa parte de la vida de Juan José Arreola.

Bueno, el día de hoy tenemos inicialmente a Fernando Castro Chávez que nos va a hablar de un tema muy interesante en el cual yo no había reparado, que son que son las viñetas de "La feria".

"La feria" como todos ustedes saben se publicó en 1963, la primera edición y después ha tenido muchas ediciones; pero el diseño, y alguien dijo que la colaboración de Vicente Rojo (*fue esencial*) como diseñador en las viñetas que hilan, yo diría hilan, unen, entrelazan los textos de Juan José Arreola en "La feria", pues van haciendo una unidad, van formando una unidad total, y sobre eso nos va a hablar ahora Fernando Castro Chávez, que está residente aquí en un año sabático, de trabajos universitarios en los Estados Unidos, además relacionados con otras industrias que no tienen mucho que ver con la literatura.

Fernando: Así es.

Orso: Pero lo interesante es que aquí hay, tenemos en el público químicos, matemáticos poetas que no tienen mucho que ver con la literatura pero hablan de literatura, por eso le cedo la palabra a Fernando Castro Chávez; además autor de un libro que está en proceso, que es "Arreolanza", la clase de Arreola, ¿no?, que es un libro que viene en proceso, yo siento que se está gestando, y que puede ser un libro muy interesante, (*que puede*) aportar a la obra de Juan José Arreola.

Transparencia # 1: Fernando Castro Chávez presenta: ¡Hoy 5 de octubre a las 8:00 PM en la "Casa Taller Literario Juan José Arreola"! (En la "*Loma del barro*": 49065. Lomas del Valle, Zapotlán el Grande, Jal., MX. Tel. 412-9745): "Otra lectura de "La feria" de Arreola: Las viñetas de Vicente Rojo" (*nota: El nombre del ponente en azul, el título de la ponencia en tinto, con el apellido de "Rojo" en color rojo; las viñetas originales rodean a este título en su orden de aparición en la obra, comenzando con la cruz blanca en el círculo negro, llegando hasta la del pecado, para la parte de arriba; y debajo de la invitación, a partir de la granada, y hasta la pistola; la última frase de la invitación después de los dos puntos se encuentra cabalgando sobre las ancas del caballo, terminando a la mira del burro*).

Fernando Castro Chávez, **presenta**: ¡Hoy 5 de octubre a las 8:00 PM en la "Casa Taller Literario Juan José Arreola"! (En la "**Loma del barro**": 49065, Lomas del Valle, Zapotlán **el Grande**, Jal., MX. Tel. 412-9745): "Otra lectura de "La feria" de Arreola: Las viñetas de Vicente Rojo"

Fernando: Muchas gracias Orso; el tema es: "Otra lectura de "La feria" de Arreola: Las viñetas de Vicente Rojo", ¿si se me escucha bien?

Público de atrás me dice: sí.

Fernando: Gracias. Gilberto Moreno (*nota: quien se encontraba presente en primera fila, del lado derecho*) fue muy importante para mí, está aquí presente, mero adelante, un químico. Cuando le conté que había descubierto, por allá por marzo, que las viñetas, cuando se organizan todos los fragmentos en base a sus dibujitos, dan una lectura alterna de "La feria", y es una lectura temática; de inmediato Gilberto quiso comparar con un dibujito, y recuerdo que escogió: "La rata", y ¿saben quiénes están (*entre otros*) bajo esa viñeta? (*Están:*) Abigail, que es la peor rata de la obra de "La feria", (*es*) el hacendado que despojó a los Tlayacanques (*la tribu indígena de la región, despojada por los invasores*); está también Alejandrina, la mujer que vendía poesía barata y cremas y otras cosas para mujeres aprovechándose de los literatos para que gratuitamente le ayudaran a vender sus productos; y la otra rata que vemos es el que falleció, que era el prestamista, el licenciado; entonces, como en ese caso, aquí están las hermosas viñetas de Vicente Rojo, y vamos a ver como el contexto es muy importante en base a las viñetas y los fragmentos; entonces, ésta es la lectura…

Transparencia # 2: Los doce puntos de mi "Arreolanza" son: *1-* leer, *2-* **originales**, *3-* <u>**comparar**</u>, *4-* discernir, *5-* vocalizar, *6-* seleccionar, *7-* recordar, *8-* imitar, *9-* inspirarse, *10-* vivir, *11-* escribir y *12-* enseñar. F. C. C. (*nota: la palabra comparar aparece además en color azul; se observa la foto clásica de Juan José Arreola andando en bicicleta en la Ciudad de México, y luego su firma, que él me puso a espaldas de esta foto que viene en el libro de "Imaginaciones" de Guadalupe Dueñas*).

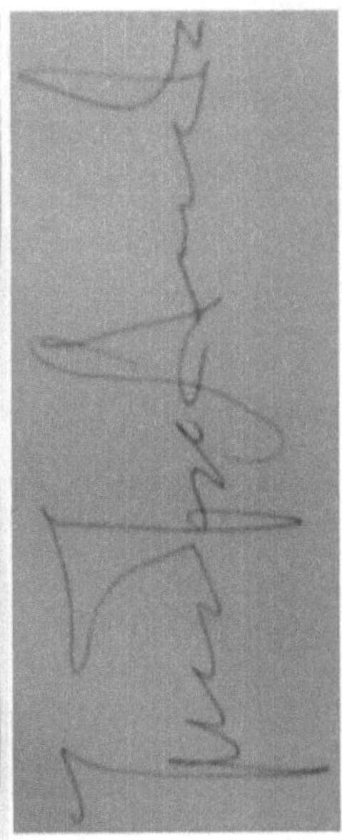

Fernando: …Y quisiera comentarles que, cuando estaba haciendo este libro (*"Arreolanza"*), que muy bien lo dices, porque pongo en un apéndice (el número cinco), el trabajo preliminar de las viñetas, cuando yo tenía solamente la edición del Fondo de Cultura Económica (*el F.C.E.: "Obras" (de Arreola), 1995*), y apenas hace tres días, gracias al director de la "Biblioteca Juan José Arreola", que aquí lo tenemos presente también: José Antonio Cortés me regaló la edición tercera de la "Serie del volador" de Joaquín Mortiz, ¿y qué creen que descubrí?, ¡qué veinte viñetas han sido alteradas en el Fondo de Cultura Económica por el editor Saúl Yurkievich! Y esta vez voy a poner un solo ejemplo; pero, cuando estaba preparando mi libro para el tema de "Comparar", es cuando comencé a comparar viñetas y descubrí que sus dibujos están allí con un propósito, tienen una razón de ser.

Transparencia # 3: Vicente Rojo Almazán nació en Barcelona, España en 1932 y llegó a México a sus 17 años, catorce años después realizó las viñetas para "La feria" de Juan José Arreola, y ya trabajaba en múltiples proyectos: 1. La "*Revista de la Universidad*" (UNAM), 2. La de "*Artes de México*" (INBA) y 3. La de "*La cultura en México*" (de "*Siempre!*"), en 4. El suplemento de "*México en la Cultura*" y en 5. La "*Editorial Era*", en donde era director de arte y consejero…

Fernando: Y, el dibujante que hizo esos dibujos es Vicente Rojo Almazán, de los exiliados españoles, y Vicente Rojo nació en 1932, se lo trajo su papá que ya estaba exiliado aquí, cuando tenía 17 años, y vean: catorce años después es cuando hace los dibujos de "La feria", después de haber llegado aquí, o sea como a sus 31 años, y vean todos los compromisos que tenía, que no los voy a leer, pero ya estaba seriamente involucrado con varias revistas, periódicos, y hasta editoriales, valga la redundancia, era uno de los consejeros de "*ERA*".

Orso: Era, Rojo, si me permites, "*ERA*" quiere decir, pues los fundadores de la editorial, la "*ERA*", lo que me acuerdo es que la "*R*" de Rojo, era de Vicente Rojo, la E era de Neus Espresate, una catalana, la A…, fíjense "*ERA*": Espresate que era una catalana que trabajaba mucho en labores editoriales en México, es la fundadora de editorial "*ERA*": Neus Espresate, que un tiempo estuvo casada con mi querido amigo, crítico de la literatura mexicana Emmanuel Carballo, pues "*E*" es Espresate, "*R*" es de Rojo, Vicente, el que hacía el diseño de todos los libros, y que en ese periodo de México, pues hacía mucho trabajo editorial, para editoras culturales importantes, como "*Joaquín Mortiz*", si: "*Joaquín Mortiz*", y la "*A*" es de Azorín, que nadie recuerda porque era el dueño de la imprenta: "*ERA*", se juntaron: una editora y productora de libros, un diseñador artístico de excelencia, muy amigo de Octavio Paz, en fin, de todas las veleidades que no voy a mencionar ahora; era Rojo, la "*R*", y la "*A*" es de Azorín, que era el dueño de la imprenta y que nos patrocinaba a, por decir, a todos los locos que creemos en la literatura. Esa es "*ERA*"; y es el diseño del libro.

Fernando: ¡Qué interesante participación! Y él es el que diseñó los dibujos de "La feria"; entonces, se dan cuenta que es un artista de altura, que no sólo es dibujante, es escultor, allí está en una de sus esculturas, dándole honor a su nombre, a su apellido, una roja escultura.

Transparencia # 4: Juan José Arreola nació en Zapotlán el Grande, México, en 1918 y falleció en Guadalajara, Mx, en el 2001… (Aquí está la información de la parte de atrás de una "*cartita*" educativa de primaria, de los 60-70s, y la foto se la tomé en 1983 en "*El Cultural Cabañas*":) Juan José Arreola: Escritor mexicano, nació en el año de 1918. Interesado en el teatro, llevó a cabo estudios en la ciudad de México y en París. Su primera publicación (es decir, en libro) fue en el año de 1949 con un libro de cuentos "Varia invención"; en 1952 publica su obra "Confabulario". En 1954 aparece "La hora de todos", obra en que satiriza las vivencias de un hombre poderoso. Hacia 1961 publica, una recopilación de sus anteriores escritos, intitulada "Confabulario total" (*nota: el resto de la información lo leo yo en el siguiente párrafo entre comillas y en itálicas subrayadas, para evitar repetición no lo pongo aquí*)". (*Ediciones RAF*, núm. 1061. *Impreso en México (C)*).

JUAN JOSE ARREOLA
(1918 -   )

Escritor mexicano, nació en el año de 1918. Interesado en el teatro, llevó a cabo estudios en la ciudad de México y en París. Su primera publicación fué en el año de 1949 con un libro de cuentos "Varia Invención"; en 1952 publica su obra "Confabulario"

En 1954 aparece "La Hora de Todos", obra en que satiriza las vivencias de un hombre poderoso.

Hacia 1961 publica, una recopilación de sus anteriores escritos, intitulada "Confabulario Total".

En 1963 aparece su novela "La Feria" Escritor de talento y sensibilidad, es considerado uno de los mejores narradores de las letras mexicanas.

Ediciones RAF   Núm. 1061   Impreso en México ©

Fernando: Y tenemos a Juan José Arreola, mi instructor, mi mejor educador y el mejor escritor, y esta es una de las *"cartitas"* o *"estampitas"*, como les decíamos cuando yo era niño en primaria, y la conservé, y dice: *"En 1963 aparece su novela "La feria"."* Y vean que bonito dice acerca de tu papá: *"Escritor de talento y sensibilidad, es considerado uno de los mejores narradores de las letras mexicanas"*. Y todavía estaba vivo en los 70s, que es cuando salió esta *"cartita"* (*o aún años antes, pero es cuando yo la vi*), por eso dejan abierta la parte derecha de la fecha de su vida, y qué interesante que con esa inventiva es con la que él detalladamente seleccionó las viñetas; aquí están todas juntas vean que hermosura:

Transparencia # 5: (*A continuación se ponen las 80 viñetas de "La feria" en el orden correcto en el que éstas aparecen, con sus tres formas alternas al lado de las que se observan primero:*)

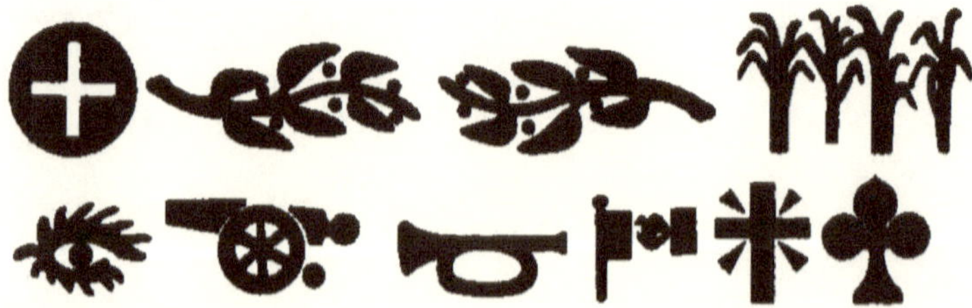

Y en la forma de la transparencia:

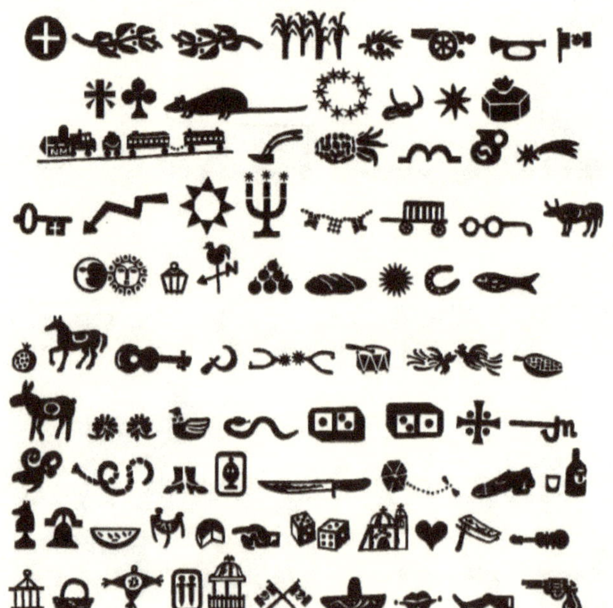

Fernando: Un diseño a tinta, parece.

Orso: Déjalas allí un rato, son hermosas.

Fernando: Sí, son muy bellas éstas viñetas, y si se dan cuenta…

Orso: ¿Me permites una apostilla?

Fernando: Sí cómo no, ¡con todo gusto!

Orso: Una apostilla quiere decir un comentario lateral: "La feria" no sería la novela que es sin las viñetas de éste personaje notable; o sea, dense cuenta cómo las viñetas llegaron en un momento dado a ser parte de la novela; éstas viñetas de Vicente Rojo; él (*aunque*) siempre se mantuvo distante de la novela: ¡Hizo la novela también!

Fernando: ¡Así es! Y las viñetas originales son 80, y se descubre que de esas 80, tres han sido reproducidas de manera inversa o alterna; y las tres que han sido reproducidas de esa forma, las tenemos en: "La guirnalda", la segunda a la derecha, después de "La cruz blanca", tenemos la guirnalda de oliva, en sus dos direcciones; la otra que ha sido reproducida en sentido inverso también es la de "La flor" del cempasúchil, y cuando estábamos estudiando en la biblioteca, junto con nuestro amigo Gael que aquí está presente y en un momento más le voy a pedir que nos acompañe brevemente; estaba también Luis Méndez, y Luis Méndez me dice: "es muy importante la flor del cempasúchil para "La feria", porque al principio hacen los "*enrosos*" de ella"; entonces, ustedes han de saber más que yo de eso, de esos frisos gigantescos que ponen a ambos lados de "Catedral", pues allí está el cempasúchil…

Orso: Es "La feria" de octubre ahora.

Fernando: ¡Sí!

Orso: Aquí ya está "La feria" de octubre ahora.

Fernando: "La feria" de octubre es a la que se refiere Juan José Arreola.

Orso: Al Señor San José.

Fernando: Exactamente, es una feria, un evento religioso… Y, el tercer dibujo que se presenta en forma alterna es los dominós (*"El dominó", pero como en ese momento vi a los dos me fui con la finta*), a ver quién los detecta, están en la parte inferior izquierda, aproximadamente, y si se dan cuenta utiliza el uno y el dos (*me refiero a que es la pieza de dominó con un uno y un dos*), haciendo de esto tres, y lo presenta también de forma inversa; entonces, estamos notando, y dándonos cuenta ya desde un principio, que el número tres va a ser importante para el diseño de las viñetas de "La feria". Éstas son algunas de las versiones de "La feria" consultadas:

Transparencia # 6: Algunas versiones de "La feria" consultadas: 1) 1966 (*con la portada original de "Joaquín Mortiz"*): "Estándar" en (*o para la*) secuencia de las viñetas, pero no son tan claras; 2) 2008 (*con la portada del rostro de Arreola anciano con un librero atrás, predomina en color morado y dice: "Secretaría de Cultura: Gobierno de Jalisco"*): Tiene las más claras viñetas (pero con 22 adulteraciones); 3) 1995 (*Juan José Arreola "Obras" del F.C.E.; Antología y prólogo de Saúl Yurkievich, tiene en la portada una calavera de papel maché color de rosa que está sosteniendo a un toro con ruedas con sus dos manos por encima de su cabeza (siendo este el famoso torito de los buscapiés), enmarcada por un grueso y adornado marco dorado*): Con 20 adulteraciones y viñetas no claras [nota al márgen: "y 18 (viñetas alteradas) son = (en éstas dos versiones)"].

Fernando: Desde hace tres días la original en su tercera edición de 1966, la siguiente que consulté es la de en medio, que la editó el "Gobierno del Estado de Jalisco", y es la que tiene las más claras viñetas, es las que tomé para este dibujo, porque ni siquiera la original tiene las viñetas, los dibujos tan claros, como la que hizo el "Gobierno del Estado" en el

2008; en ésta (*y estoy sosteniendo en mi mano izquierda el libro de 1966, mientras que digo:*) se les corre un poco la tinta, pero es el "estándar" en el sentido de su secuencia; o sea, ésta (*la de 1966*) es la que tiene la secuencia inigualable original que ha sido incluso perdida en la que está en medio (*me refiero a la del 2008 de pasta dura del "Gobierno del Estado de Jalisco"*), como ven allí, la de en medio ya tiene 22 adulteraciones en sus viñetas; y la más popular es la de la derecha, que la sacó el Fondo de Cultura Económica (*FCE, 1995*), editada por Saúl Yurkievich, y ésta tiene las viñetas menos claras, y ha adulterado veinte viñetas de ellas, y a partir de allí se han basado muchos otros en editar esa misma edición.

Orso: Esta edición (*la del FCE de 1995*) nunca le gustó a Juan José Arreola, y que además es, esta edición del Fondo de Cultura la portada es de mal gusto, y además, bueno, tiene ciertas aliteraciones o alteraciones al texto, y como dice Fernando Castro Chávez, también tiene aliteraciones a las originales viñetas de Vicente Rojo.

Fernando: ¡Así es!

Transparencia # 7: (*nota: continúan dos versiones más de "La feria" consultadas*): 4) 2008 (*también, pero de pasta blanda y de menor tamaño, editada por o a nombre del H. Ayuntamiento de Zapotlán el Grande; con unos danzantes con ropa de colores y sombreros anchos con monedas colgando de ellos y con largas sonajas de madera con aspas de metal en su mano derecha*): Con viñetas nada claras y con 20 adulteraciones = al 3 (*sigue "el patrón" malsano establecido por S. Yurkievich en la tercera de la transparencia anterior, la número seis*); 5) 2015 y 2018 (*que es la peor de todas, la que tiene el rostro despavorido del caballo morado y dice: "booket", ya que ésta*): ¡No tiene a ninguna de las viñetas temáticas originales! (*y esto lo pongo en negritas y de color rojo, y luego pongo al margen derecho de ella, que también es el margen de la transparencia, que éstas son:*) Las ediciones de "Editorial Planeta Mexicana SA de CV" (las que se regalaron (*las cuales:*)), ponen siete viñetas "nuevas" sin relación alguna con los textos.

Fernando: Por ejemplo, la que está a la izquierda (*la del 2008 editada por el H. Ayuntamiento local*), la editó y la publicó el H. Ayuntamiento de Ciudad Guzmán como se llama (*es oficialmente de Zapotlán el Grande; pero, tal vez aquí yo no quise embarrar ese buen nombre con esa mala versión de "La feria"*)… y se basó al 100% en la de Yurkievich, y no en la original; entonces, vamos a ver (*más adelante*) una de las alteraciones más importantes; pero la que realmente es por la que estamos aquí es la última, ésta que es la que se regaló al por mayor…

Orso: Sí.

Fernando: …el mes pasado, no tiene absolutamente ninguna de las viñetas originales del gran artista Vicente Rojo Almazán…

Orso: ¡Uuuy…!

Fernando: …que fueron diseñadas y pensadas por el maestro Arreola, es…

Orso: ¡…uuuy, qué fenómeno tan terrible!

Fernando: …es algo muy triste, muy dramático, porque ni siquiera ponen, saben que hicieron algo malo, y ni siquiera ponen el nombre del que hizo la adulteración y que hizo los dibujos internos, solamente dicen: "La portada la hizo fulano". La edición del 2013 de "Editorial Planeta" todavía tenía las viñetas como aparecen en…

Orso: ¿En la segunda edición?

Fernando: …en la edición del Fondo de Cultura Económica…

Transparencia # 8: ¡Una denuncia visual: Ed. Planeta (refiriéndome a la "Editorial Planeta Mexicana") adulteró las viñetas!: Su Edición del 2013 (*la cual ya incluye la cabeza del caballo y cuyo nexo pongo allí*): https://books.google.com.mx/books?id=VQOiAQAAQBAJ) era aún "normal", pero 20 v. no (*es decir, pero en veinte de sus viñetas ya no era la original*): Tomada de la de 1995 (*la del FCE de Yurkievich; en cambio:*) ¡Sus ediciones del 2015 y 2018 han sido (*no solamente en parte como las anteriores, ¡sino completamente!*) adulteradas! (*nota: y eso a pesar de todas las prohibiciones que ellos mismos infringen aunque las ponen en la "página 6":*) p. 6 (*, la que dice*): "No se permite la reproducción total o parcial… sin el permiso previo y por escrito de los titulares del *copyright* (itálicas de ellos). La infracción de los derechos mencionados puede ser constitutiva de delito contra la propiedad intelectual (Arts. 229 y siguientes de la Ley Federal de Derechos de Autor y Arts. 424 y siguientes del Código Penal)…"

Fernando: No se basó el Fondo de Cultura Económica en las primeras ediciones, y es muy triste, porque Yurkievich adulteró esas veinte viñetas (*en las que se estaba basando la "Editorial Planeta" hasta el 2013*), por razones muy personales como vamos a ver.

Orso: ¡Sí!

Fernando: Si, entonces, a pesar de todas estas restricciones legales que ponen, ellos mismos están cayendo en una infracción al haber alterado las viñetas sin haber informado a ninguno de los herederos de Juan José Arreola. ¿Se dan cuenta de la seriedad del problema? Esta es la denuncia visual que estamos haciendo (*apuntando hacia la siguiente transparencia*):

Transparencia # 9: ¡Una denuncia visual!: Entones, las viñetas que han reemplazado a las de Vicente Rojo en las ediciones del 2015 y 2018 de "Editorial Planeta (Booket)" son las siguientes: Hace falta "La cruz" del primer fragmento (nada hay), y luego, en orden de aparición se tiene esto falso:

Y como esto aparece en mi transparencia:

¡Una denuncia visual!:

Entones, las viñetas que han reemplazado a las de Vicente Rojo en las ediciones del 2015 y 2018 de Editorial Planeta (*Booket*) son las siguientes:
Hace falta "La cruz" del primer fragmento (nada hay), y luego, en orden de aparición se tiene esto falso:

(Nota: Siendo también esa de las "maracas" la que aparece al final de "La feria" en esas falsas viñetas), A continuación veremos ejemplos de cada una de estas viñetas impostoras comparadas con **la lectura genuina de "La feria" a través de sus viñetas:**

(Nota: Siendo también esa de las "maracas" la que aparece al final de "La feria" en esas falsas viñetas). A continuación veremos ejemplos de cada una de estas viñetas impostoras comparadas con la lectura genuina de "La feria" a través de sus viñetas: (*dos puntos incluidos l final de esta transparencia*).

Fernando: Entonces, no solamente es una presentación, sino es una denuncia, por eso aquí tengo una carta (*nota: la cual carta, Orso recogió al final de mi presentación y se la guardó en su saco*), y les voy a pedir a los que quieran firmarla, y poner sus nombres a sus espaldas, mañana la voy a enviar "Editorial Planeta", con una petición atenta de que restauren las viñetas a sus versiones originales. Vean cuáles son las que ellos han puesto en lugar de las originales: son solamente siete y no tienen nada que ver con los textos ni fragmentos. Por ejemplo "Las maracas", ¿han visto ustedes en las fiestas de octubre maracas…?

Orso: ¡No, aquí no!

Fernando: ¡Aquí no!, cómo que es algo sureño, ¿verdad?

Se escucha a alguien del público decir: ¡Sí!

Fernando: O los sirios de Sinaloa, el tercero

Orso: ¡Nooo!

Fernando: Órgano-cirios, ¡nada que ver! Y desgraciadamente, esas son las viñetas que están alterando… (*Se escucha el celular de Orso, respecto al evento que tendrá mañana*) entonces, tenemos el primer ejemplo de la omisión… (*Señalando a la siguiente transparencia*). Antes de comenzar la presentación les presenté a algunos de ustedes este libro (*señalando el libro transgresor del 2018 de "La feria" por "Editorial Planeta"*), y la primera omisión se puede ver aquí: La original tiene "La cruz blanca", y si se dan cuenta la versión alterada ni siquiera pone viñeta alguna al principio.

Transparencia # 10: ¡Así, sus ediciones del 2015 y 2018 han sido adulteradas, reemplazando a las 289 viñetas con sus 80 originales de V. Rojo A. y con sus 3 alternancias, ¡poniendo siete falsas imágenes sin sentido textual!! (*Luego pongo el resto de los detalles legales de su "página 6", los que en realidad aparecen antes que los presentados anteriormente:*) p. 6 (*y pongo a las páginas de la edición impostora de "La feria" hecha por "Editorial Planeta" en color rojo*) (C) 1963, Juan José Arreola. Herederos de Juan José Arreola. Derechos reservados. (C) 1963, 2005, 2015, Editorial Planeta Mexicana, S.A. de C.V. Bajo el sello editorial BOOKET M.R.... Diseño e ilustración de portada: Carlos Palleiro... Primera edición en "Obras de Juan José Arreola": julio de 1971. Primera edición Booket: marzo de 2006. Primera edición en esta presentación de Booket: febrero de 2015. Tercera reimpresión en esta presentación de Booket: julio de 2018. ISBN: 978-607-07-2620-0 Ejemplos de los cambios o adulteraciones son (*y lo que pongo es las primeras líneas del primer fragmento original, y digo que eso,*): Lo legítimo es: (*"La cruz blanca"*), (*y pongo que:*) A) ¡Con su omisión de "La cruz"! Ellos nos dan un inicio en falso: (*y pongo una flecha que indica que en donde debería de ir esa cruz, lo que ahora se ha puesto es absolutamente nada, un espacio vacío, en blanco, y finalmente, pongo que esto está en la:*) p. 7 (*es decir, justo la siguiente de la que tiene toda una página de pormenores legales y de esa edición*).

Fernando: Entonces, ha quedado sin cabeza la obra desde un principio, al haber dado un falso inicio; luego vean, y aquí es en donde se va a ver el tema de las viñetas en relación con el contexto como minuciosamente las pensara tu papá; por ejemplo, aquí tenemos una impostora estrella, donde lo legítimo es "La guirnalda" de oliva:

Transparencia # 11: 2) Sus 288 "viñetas" restantes son solamente un barajado absurdo de esas 7 que se repiten una y otra vez: 1) La impostora "estrella": (*y se ve dicha viñeta con el inicio de este segundo fragmento; además: todas palabras para o relacionadas con las viñetas impostoras las señalo con el color rojo*); Lo legítimo es (*y se observa aquí "La guirnalda" con su fragmento; y a las palabras para las viñetas genuinas las indico con el color azul; luego se ve*): 2) El impostor "burro": (*y su respectiva viñeta y fragmento, y aquí:*) Lo legítimo es (*y se observan aquí "Las milpas", que son cuatro, con parte de su fragmento, y aquí se ve que la página es la que sigue, la:*) p. 8.

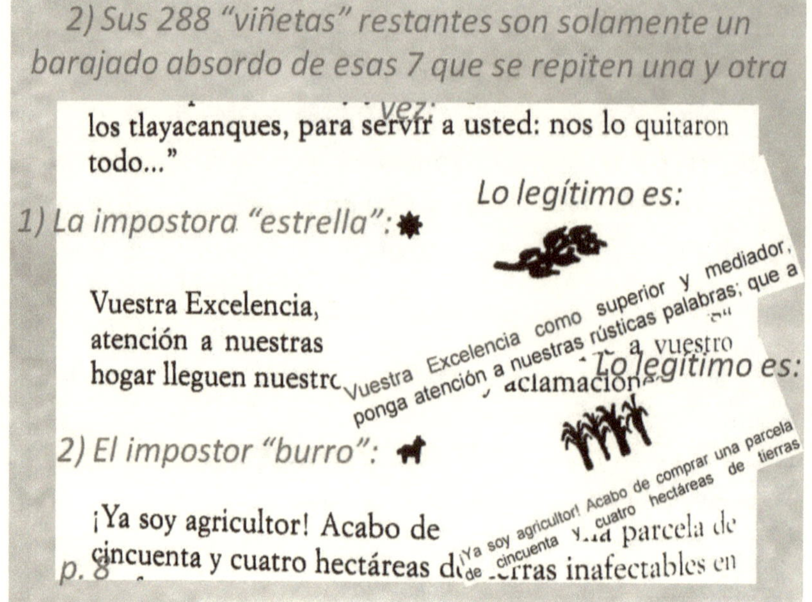

Fernando: ¿Por qué puso Juan José Arreola una guirnalda en este texto? Porque habla de autoridades; aquí, se acuerdan de las autoridades romanas y griegas que traían sus guirnaldas, aquí está hablando de los reyes españoles y de los virreyes, y les está pidiendo que hagan justicia para con los Tlayacanques (*los nativos despojados de sus tierras*).

Orso: Por supuesto.

Fernando: Y vean, "La guirnalda" tiene que ver con el contexto, ¿y qué tiene que ver una estrella que pusieron ahora? En el caso anterior se me olvidaba, el de "La cruz blanca" habla de personas tan importantes, religiosamente hablando, porque tenían principios, como Sayavedra...

Orso: ¡Sí!, ¡claro!

Fernando: ...y fray Juan de Padilla; entonces, y al ellos haber omitido eso, se ve una tendencia totalmente a descartar todo lo que tiene que ver con símbolos de la índole de lo que trata "La feria", que son símbolos religiosos. Vean el tercero, y esto son las tres primeras viñetas en su orden, como van saliendo en "La feria"; vean, pusieron un burro impostor, y vean la que puso Arreola: "Las cuatro milpas", y vean el contexto muy claro, dice el zapatero metido a agricultor: "¡Ya soy agricultor!", ¿se dan cuenta? ¡Qué clara está la viñeta en el contexto como la puso Juan José Arreola! Y que confusa está la viñeta como ellos la pusieron. Aquí tenemos el tercer ejemplo (*contando a las viñetas impostoras, que como vimos, comienzan a aparecer hasta el segundo fragmento, ya que el primero de esa versión adulterada carece de viñeta*): un impostor cirio: órgano-cirio es de allá de Sinaloa, ¿qué tiene que ver con nuestra tierra de Zapotlán? Y lo legítimo es lo que puso tu papá (*lo digo mirando a Orso*): "El ojo":

Transparencia # 12: 3) El impostor "cirio": Lo legítimo es: (*"El ojo"*), luego 4) La impostora "calavera": Lo legítimo es: (*"El cañón", y se trata de la:*) p. 10 (*de la edición adulterada en sus viñetas*).

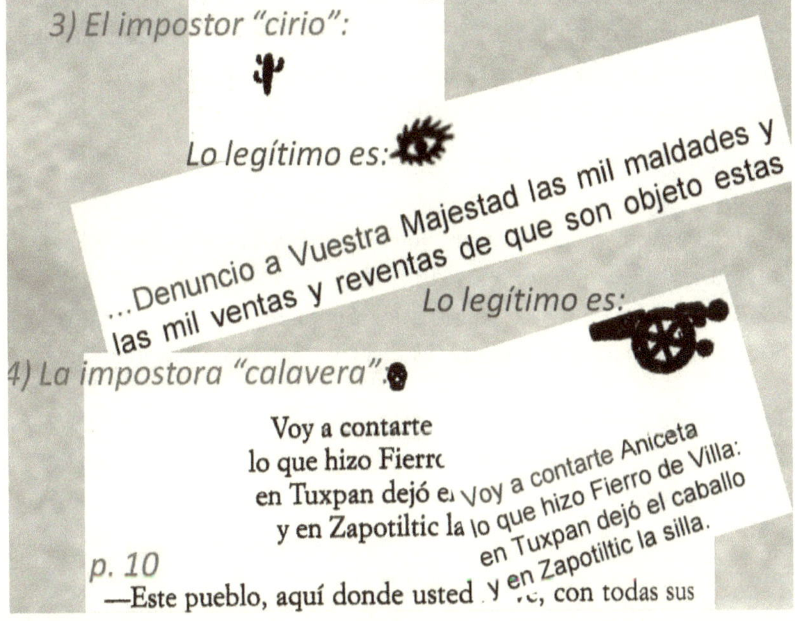

Fernando: ¿Y saben por qué? Porque el contexto habla de una denuncia, y "El ojo" que está viendo y denunciando es el que marca esa secuencia: ¿Qué tiene que ver un cirio con una denuncia? Sin embargo "El ojo" está muy claro.

Orso: ¡Claro que sí!

Fernando: Así el papá de Orso…

Orso: ¡Así es!

Fernando: …pensó cada una de las figuras para el contexto, y a mí, ahora sí que por gracia divina, me tocó descubrir que cuando organizaba los fragmentos en base a las viñetas todas eran temáticas y tenían que ver con el dibujo; se dan cuenta que dramático es el hecho de que en el reemplazo se ha perdido eso, se ha perdido la mitad del propósito que tu papá tenía al hacer eso…

Orso: ¡De la esencia!

Fernando: ¡De la esencia! Porque él quería combinar artes visuales con (*el*) texto; vean: la impostora calavera, que es lo que pusieron ahora, con "El cañón", que puso tu papá en base a los dibujos de Vicente Rojo, y vean, está muy claro que ese cañón tiene que ver con "La Revolución", habla de Villa, del "Fierro de Villa", pero: ¿Qué tiene que ver una calaverita del día de muertos, verdad?

Orso: ¡Claro!

Fernando: Aquí va la impostora guitarra, que pusieron en esta edición (*y señalo a esa edición "Booket" del 2018 de "Editorial Planeta Mexicana"*), sin consultar, una vez más lo digo, a los familiares de Juan José Arreola; ponen una guitarra y lo legítimo es una trompeta ("La trompeta"):

Transparencia # 13: 5) La impostora "guitarra": Lo legítimo es: (*"La trompeta"*); 6) Las impostoras "maracas": Lo legítimo es: (*"La bandera", y esto todo aparece en la:*) p. 11.

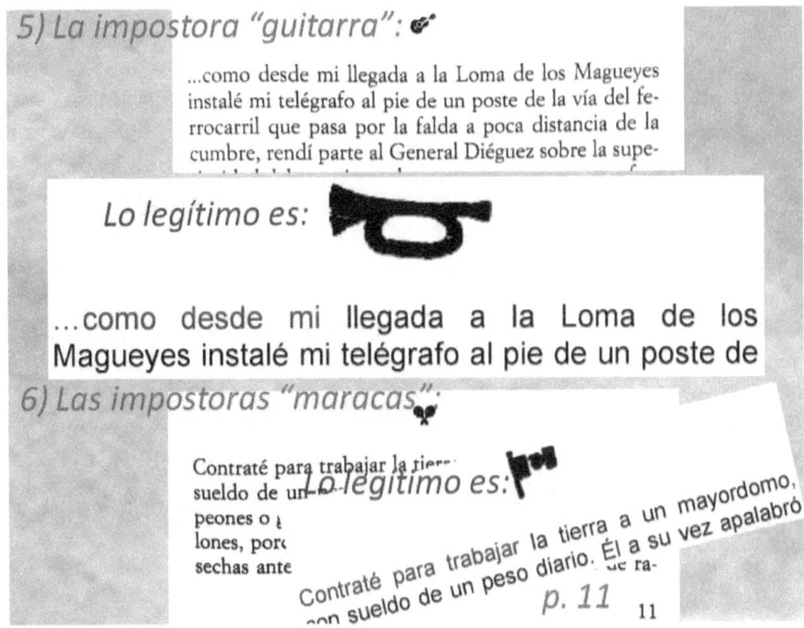

Fernando: Se dan cuenta, el contexto es con la comunicación, como "La trompeta" anunciaba el inicio de las batallas, ahora están hablando de que ahora se están actualizando, y lo que usan en lugar de eso son los telegramas, para convocar a los demás; entonces, si se dan cuenta "La trompeta" tiene más que ver con hacer llamar a la gente a que llegue al lugar, y no una guitarra que más bien es como entretenimiento musical; se dan cuenta como siempre son más precisas las viñetas en el contexto como Juan José Arreola las puso. Las impostoras maracas aparecen cuando lo legítimo es "La bandera" mexicana; eso es hasta un insulto, ¿no? Porque el contexto habla de que el maíz es la fuente de vida de los mexicanos, y si se dan cuenta: ¿cuántos productos hay de esto? Tortillas, atole, pinole, tamales, entonces ahí está "la bandera" mexicana asociada al maíz, está muy claro: ¿y qué tienen que ver las maracas con el maíz?, ¿hacen maíz de maraca?, ¿no verdad?

Orso: ¡No!, las maracas no existen en Zapotlán.

Fernando: Exactamente, no existen las maracas en Zapotlán. Entonces, fue no sólo un insulto a la familia…

Orso: Son, se llaman: transgresiones.

Fernando: ¡Sí! Éstas son transgresiones que "Editorial Planeta" hizo, no sólo a los familiares del escritor, sino al pueblo de Zapotlán, que es de lo que se trata "La feria". Y, ¿se dan cuenta? El impostor tequila con limón que pusieron ahí (*lo digo mientras señalo a la transparencia*), es como un vasito de tequila y un pedazo de limón, nada tiene que ver con el fragmento; el fragmento es el primer fragmento donde tu papá presenta experiencias personales de cuando se iba a confesar con el cura, y cómo siempre mostraba más astucia el niño que el cura, y el cura siempre le preguntaba: "a poco", "dime más", "dame más detalles", siempre era el curioso; entonces, la cruz tiene mucho que ver con esa cuestión del confesionario…:

Transparencia # 14: 7) El impostor "tequila con limón": Lo legítimo es: ¡"La cruz de Arreola"! ("La cruz celta"); B) Un falso final: ¡La omisión de "El sagrario" (o "La parroquia")! Metiendo en su lugar a las impostoras "maracas": p. 199 (*del libro impostor del 2018 de la serie 'Booket'*).

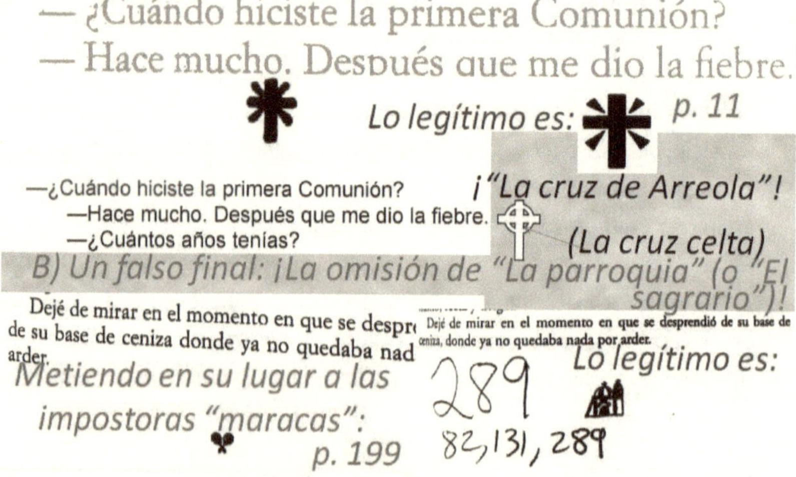

Fernando: Sin embargo, tequila con limón no tiene que ver nada, ¿se dan cuenta? Y así se va 288 fragmentos, donde este libro transgresor e impostor está repitiendo las siete viñetas una y otra vez sin "ton ni son", sin sentido, mientras que lo que hizo tu papá fue con el gran ingenio ponerlas según el contexto, y aquí tenemos la forma más nítida como se puede observar esta viñeta (*apuntando yo aquí a la cruz negra con los cuatro triangulitos en sus cuatro cuadrantes*) en la edición del "Gobierno de Jalisco", la que tiene el rostro de tu papá que fue hecha en el 2008, si pueden ver aquí, se trata de "La cruz celta", pero de una manera estilizada, les pongo la cruz celta en blanco, y es la que tiene como un círculo, entonces los triangulitos son en realidad lo que queda de hueco en el círculo, ¿sí lo ven?, y es como Arreola diseñó ésta cruz celta; pero aún en la edición original, si se dan cuenta, la tinta se les corre, ¿y saben qué es lo que pensé al principio?, porque todas tienen la tinta corrida, que era la cruz con dos fusiles cruzados, porque muchos de los contextos, aparte de este del confesionario, habla de cómo los hacendados se coludieron con el clero para despojar a los indios; entonces yo creía: "éstos son los fusiles que representan a los hacendados y la cruz que representa al clero"; pero ya, hasta hace tres días, cuando el señor Cortés me regaló la versión original y pude ver la del "Gobierno de Jalisco"...

Orso: Sí, así es.

Fernando: ...pude ver la nitidez de la viñeta, por eso es que cuando yo presenté el Apéndice aquí (*me refiero al Apéndice cinco de mi "Arreolanza" en su primera impresión como "Edición del centenario"*), solamente tenía la versión del Fondo de Cultura Económica...

Orso: Claro.

Fernando: Pero viéndolo ya a más detalle, se ve la precisión y la finura, la elegancia de tu papá al elegir las viñetas. Por ejemplo, la última, por poner un ejemplo, pero, espero que esto sea convincente de que la forma en que Juan José Arreola eligió las viñetas, fue en base a los contextos; aquí al final pone al sagrario (*"El sagrario" o "La parroquia"*) según me decía Luis (*Méndez*), que es a lo que más se parece, yo le decía "La parroquia", ¿y saben qué le pusieron en la versión impostora?: ¡Otra vez maracas!; o sea, la versión impostora termina "La feria", no como una gran obra musical, que es como termina Arreola.

Orso: Un coro, un coro de voces, una sinfonía.

Fernando: ¡Exactamente! Termina como una gran pieza musical, con los toques más fuertes (*me refiero a sus más altisonantes armonías: la quema simultánea de los dos castillos, el gran fuego, todos embriagados y tirados en el suelo excepto el narrador, etc.*) y pone como cierre de toda la obra la viñeta de "El sagrario", ¿y qué ponen los impostores? Ponen unas maracas, ¡qué triste está eso! Y le comenté esto a Dante Medina, que me lo hice amigo y lo conocí gracias a que Orso lo invitó, y quiero mostrarles, cómo ellos, los expertos que saben de literatura, están muy indignados y quieren que esto se corrija; está diciendo él: "Hay que reivindicar", y esa es la voz de todos nosotros…

Orso: Claro.

Fernando: "Hay que reivindicar la edición verdadera, defenderla, explicar porqué debe volverse a ella"; eso es lo que estamos haciendo aquí:

Transparencia # 15: (*Fragmentos de algunas de mis conversaciones con Dante Medina; y digo yo:*) "(SEP 27TH, 12:01AM)…Por lo que ha sido devastador para mí y para mis investigaciones el darme cuenta que en esa edición de "La feria" que se ha estado repartiendo, la del rostro del caballo morado: ¡Han reemplazado las viñetas originales de Vicente Rojo Almazán con viñetas ridículas y sin valor alguno que destrozan el concepto original de mi bien amado maestro terrenal Arreola! Con toda mi estima, de nuevo, Fernando." (*A lo que él me responde:*) "(SEP 28TH, 9:37AM) Pues esos descubrimientos, estimado Fernando, son los que valen. Hay que reivindicar la edición verdadera, defenderla, explicar por qué debe volverse a ella, y que usted haga una edición revisada, anotada, crítica y clara, para ayudarnos a una mejor lectura. Si le da tiempo, le sugiero la lectura de mi cuento "Franz Kafka, un mexicano cualquiera". Ya verá por qué. Está disponible, gratis, en mi página: www.dantemedina.com" (*luego le respondo yo, en parte con lo siguiente:*) "Muchas Gracias!!!! Es un honor!!!, ahora mismo lo leo, y con gusto si puede le espero para su vivo apoyo a esta cruzada por recuperar lo genuino de su obra misma, hoy tan adulterada por los impostores…"

Orso: Sí, "La feria" representa una unidad, y la crítica literaria histórica (*concuerda*), y por nada más de cincuenta años, creo que éstas observaciones de Fernando Castro Chávez me hicieron a mí también reflexionar, porque curiosamente se han hecho muchas ediciones de "La feria", ¿sí?, "La feria" se publicó hace más de cincuenta años; entonces, yo no notaba la diferencia en las viñetas; pero, te preguntaría Fernando con respecto a la portada de "La feria".

Fernando: Esa es una pregunta muy interesante, y espero respondértela…

Orso: De la primera edición.

Fernando: …más adelante. Espero respondértela un poco más delante, porque… les quiero dar una adelantada: Dentro del texto hay solamente 289 viñetas, ¡me hacían falta cinco para que fueran el múltiplo de tres que descubrí que la obra tiene! Ya con Gilberto Moreno habíamos empezado a ver cómo hay ciertos números también en "La feria", no sólo dibujos, sino números; pero vean lo que dice Dante Medina, que estuvo aquí precisamente hablando de los estilos (*de estética y postura personal*) de tu papá…

Orso: Si, claro.

Fernando: …y toda la multi-versatilidad que tenía; y aquí él, cómo que toma parte de la presentación que nos dio y dice: "Juan José Arreola era muy meticuloso, además de escritor era editor y bibliófilo"; entonces, no puso por pura casualidad ni siquiera la portada, sino que la pensó detalladamente y…

Transparencia # 16: (*Continúa mi conversación con Dante Medina, en donde yo le pregunto:*) "…(¿sabía Ud. que una de sus viñetas es la de la "Trompa uterina"?)" (*A lo que Dante me responde:*) "No, no sabía lo de esa viñeta. Y lo que me sorprende gratamente y confirmo, es lo meticuloso que era Arreola para cada creación suya. No olvidamos nunca que además de escritor era editor y bibliófilo, ¡y aficionado a los juegos, los enigmas, los mensajes cifrados, el ajedrez! Todo coincide." (*Y yo le respondo:*) "Amén! Jejeee! Yo creía que era el rostro de "El borrego negro", hasta que leí el contexto que habla de puras mujeres, como lo hace la de la piña: "Piña para la niña"!!!!" (*luego dice él, como se observa en la transparencia de abajo:*) "Y borrego y trompas son imágenes muy similares, claro." (*Y añado yo de mis recuerdos acerca de Arreola:*) "Porque nos contaba de sus recurrentes pesadillas de ese animal, en recuerdo de su infancia, pero hasta ahora entiendo que en su mente eso se transformaba en esa mujer ingrata!" (*Ante lo que él concluye éste movimiento musical con un gran final:*) "Esos son, precisamente, los caminos de la fabulación: los andamios de la alquimia de la creatividad."

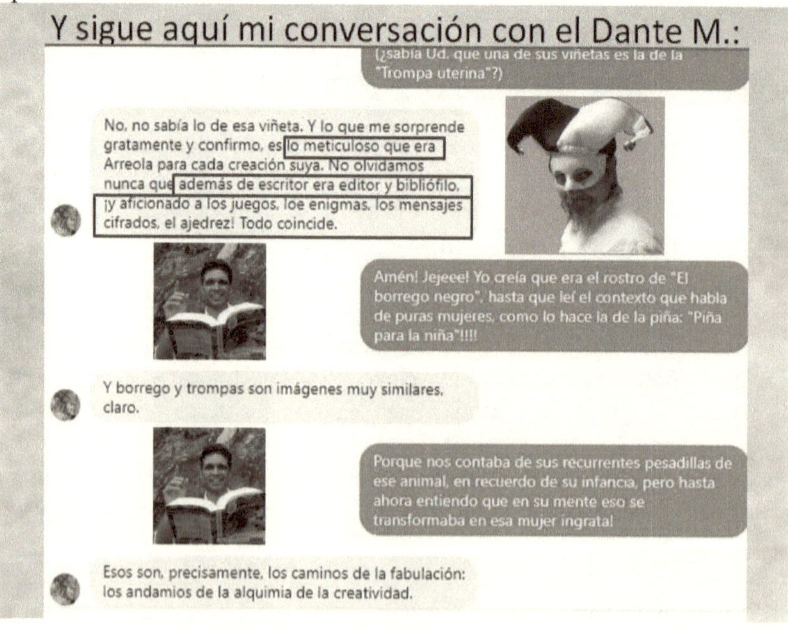

Fernando: …y además vean lo que dice Dante Medina, que (*también*) lo conoció en persona: "Era aficionado a los juegos, a los enigmas, los mensajes cifrados, al ajedrez! Todo coincide." ¡Vean qué hermoso! O sea, nos dejó en los dibujos: ¡mensajes en clave y mensajes cifrados, que es muy, muy interesante! Aquí, ésta la vamos a pasar rápido, pero es la que muestra cómo cuando yo organicé las viñetas según su frecuencia, descubrí que las tres más frecuentes son múltiplo de tres, las tres menos frecuentes son también múltiplo de tres, las tres de en medio son múltiplo de tres, y las tres alternas, tanto con más frecuencia como con menos frecuencia, ¡son múltiplos de tres!

Transparencia # 17: Las frecuencias son: **42** grupos con frecuencia de **tres**; 26 grupos con frecuencia de cuatro, ocho con frecuencia de cinco, y **cuatro** con una frecuencia de **6**: (*y aquí, los números en negrita para los grupos que son múltiplos de tres aparecen en azul:*)

Las frecs. son: 42 gpos. con frec. de tres; 26 gpos. con frec. de cuatro, ocho con frec. de cinco, y cuatro con una frec. de 6:

1–30		31–60	61–80
1. 09 El trébol: 6		31.	61. 54 Las zapatillas: 3
2. 11 La corona: 6		32.	62. 57 El papalote: 3
3. 24 El candelabro: 6		33.	63. 58 El zapato: 3
4. 46 La flor (con dos variantes). Con tallo a izq. 5 + tallo a la der. 1 = 6	34.		64. 59 El vaso y la botella: 3
5. 04 El ojo: 5		35.	65. 60 El caballito negro de ajedrez: 3
6. 14 El gorro del cura: 5		36.	66. 61 La campana: 3
7. 20 El cohete: 5		37.	67. 62 La sandía: 3
8. 21 La llave: 5		38.	68. 63 La montura: 3
9. 22 La flecha: 5		39. 02 La guirnalda de oliva (con dos variantes): tallo a la izquierda 1 + tallo a la derecha 2 = 3	69. 65 La mano, del cura: 3
10. 23 La estrella 4 + 1 = 5		40. 03 Las cuatro milpas: 3	70. 67 La parroquia: En el texto: 2 + Cerrando la obra (ya sin fragmento): 1 = 3
11. 27 Los lentes: 5		41. 05 El cañón: 3	71. 69 La matraca: 3
12. 30 El farolito: 5		42. 06 La trompeta: 3	72. 70 El violín (un arco): 3
13. [illegible]		43. 07 La bandera: 3	73. 71 La jaula: 3
14. [illegible]		44. 12 La calavera del toro: 3	74. 72 La canasta: 3
15. [illegible]		45. 15 El tren: 3	75. 73 La piñata: 3
16. [illegible]		46. 16 El azadón: 3	76. 74 El dos de espadas (ambas hacia abajo): 3
17. [illegible]		47. 17 La piña: 3	77. 75 El quiosco: 3
18. [illegible]		48. 26 La carreta: 3	78. 76 Las banderitas: 2
19. [illegible]		49. 29 La luna y el sol: 3	79. 78 Los labios: 3
20. [illegible]		50. 31 La veleta: 3	80. 80 La pistola: 3
21. [illegible]		51. 33 El pan: 3	
22. [illegible]		52. 36 El pescado: 3	*Subdivisión por alternas:*
23. [illegible]		53. 40 La hoz: 3	1. 46a La flor con su tallo a la izq.: 5
24. [illegible]		54. 41 Las espuelas: 3	2. 02b La guirnalda de oliva con tallo a la derecha: 2
25. [illegible]		55. 42 El tambor: 3	3. 49a El dominó en posición 1-2: 2
26. [illegible]		56. 43 Los gallos: 3	
27. [illegible]		57. 45 El burro: 3	4. 46b La flor con tallo a la der.: 1
28. [illegible]		58. 49 El dominó (con dos variantes): en posición 1-2: 2 + posición 2-1: 1 = 3	5. 02a La guirnalda de oliva con su tallo terminado a la izquierda: 1
29. [illegible]		59. 51 El arado: 3	6. 49b El dominó en posición 2-1: 1
30. [illegible]		60. 53 El látigo: 3	

Fernando: Entonces, tenemos aquí cinco casos, cuando se ordenan por su frecuencia de múltiplos de tres, y no creo que fue al azar. Y tenemos las viñetas en general: 289, tenía yo la duda, le comenté a Felipe Vázquez, y él lo que me dijo cuando estuvo aquí es: "…con el gusto de compartir ecuaciones literarias…"

Transparencia # 18: Al escuchar Felipe Vázquez el descubrimiento de los múltiplos de tres (en sus 6 instancias básicas) en "La feria", esto fue lo que me dedicó (*en el* 2018): ""El naufragio vertical" (*del 2017*) es para Fernando Castro Chávez, con el gusto de compartir ecuaciones literarias. Felipe Vázquez".

Al escuchar Felipe Vázquez el descubrimiento de los múltiplos de tres (en sus 6 instancias básicas) en "La feria", esto fue lo que me dedicó (2018):

"...para Fernando Castro Chávez, con el gusto de compartir **ecuaciones literarias**. Felipe Vázquez"

Fernando: Vean, o sea, la numerología que Juan José Arreola utilizó en "La feria" es una ecuación literaria.

Orso: Aquí debo decirles a nuestros amigos que este libro de poesía es maravilloso (*referente a "El naufragio vertical", de Felipe Vázquez*), estamos ante un nuevo poeta nacional que se llama Felipe Vázquez, y publicó un libro hermosísimo; bueno, aparte que él ha hecho varios estudios sobre Arreola desde el punto de vista crítico, y además ha publicado en revistas de prestigio nacional e internacional, dice: "El naufragio vertical…" es uno de los más bellos libros de poesía que yo en lo personal he leído en los últimos tiempos, y es un poeta que es maduro, y ¡qué gusto que te (*lo*) haya dedicado! Dice: "es para Fernando Castro Chávez, con el gusto de compartir ecuaciones literarias. Felipe Vázquez"

Fernando: Acá lo puse a la derecha, dice…

Orso: ¡Ecuaciones literarias!, porque es cuando, yo diría que no conozco mucho de cábala, pero tengo ciertas bases de la cábala judía, reconocer lo que es esa representación y esa significación numérica que aparece en varios libros sagrados, en fin, varios escritores.

Fernando: Y Gilbeto, ¿querías decir algo?

Gilberto Moreno: Ahorita, respecto a esto acá del libro "El naufragio vertical" de Felipe Vázquez, bueno creo que no es tan fácil conseguirlo, y no es tan fácil que lo leamos todos; pero, como por ejemplo tu nos estás diciendo que hay otra manera de leer "La feria"; creo, y aquí Orso que sí ha leído el libro lo podría afirmar o no, incluso este poemario de Felipe Vázquez que se llama "El naufragio vertical" se podría leer también de otra forma, si uno agarra el índice del libro y lo lee termina haciendo otras poesías…

Fernando: Así es…

Gilberto Moreno: …si uno lee los títulos nada más termina siendo también otra poesía, entonces, si Felipe te dijo eso de las "ecuaciones literarias", y de las diferentes formas de leer, bueno también no fue de a gratis (*nota: es decir, que también en su libro "El naufragio vertical" se encuentra el valor de lo que declaró para con mi descubrimiento de "la feria"*).

Fernando: Claro, y es muy interesante porque, siguiendo al maestro, el alumno repite lo que el maestro enseñaba, este tipo de enigmas y juegos de palabras, y trata incluso de superarlo. Éstas son las respuestas de Sarita Poot cuando le dije, me dice: "Lo valoro y mucho", lo que estamos haciendo aquí, luego me dice: "Son lindas experiencias":

Transparencia # 19: Respuestas de Sarita Poot Herrera: "Fernando maravilloso, fantástico, Baby H.P., joven guardagujas!! Veré con mucho cuidado lo que ahora me has mandado. Gracias. Lo valoro y mucho. El día de hoy nos encaminamos a Bellas Artes. La suerte de la vida. Luego seguimos. Todo el éxito en tus proyectos. Un fuerte abrazo, sph" (*Y la segunda:*) "Gracias de nuevo y todo el éxito, querido Fernando. Lindas experiencias que cuentas. Nuevo abrazo, sph. Por si fuera poco (para más tarde; *agrego aquí el post-link de lo que ella me indicaba previo al evento*): https://www.facebook.com/U.ElClaustro/videos/166803727536814 Si no ves el programa, no te pierdes de nada. ¡Sea por Dios!"

Respuestas de Sarita Poot Herrera:

Fernando maravilloso, fantástico, Baby H.P., joven guardagujas!!
Veré con mucho cuidado lo que ahora me has mandado. Gracias. Lo valoro y mucho.
El día de hoy nos encaminamos a Bellas Artes. La suerte de la vida.
Luego seguimos. Todo el éxito en tus proyectos.
Un fuerte abrazo, sph

Gracias de nuevo y todo el éxito, querido Fernando.
Lindas experiencias que cuentas.
Nuevo abrazo, sph

Por si fuera poco (para más tarde):
https://www.facebook.com/U.ElClaustro

Si no ves el programa, no te pierdes de nada. ¡Sea por Dios!

Fernando: Es algo muy interesante, y Sarita estuvo aquí, déjenme ver si funciona el video; allí, cuando ella estaba diciendo (*que*) hemos de preguntarnos: ¿en qué momento coincidieron para su publicación dibujos y textos? Y yo dije, yo estaba aquí con Gilberto Moreno, yo dije: "La feria". Entonces, Sarita Poot, después de estar aquí, fue premiada y reconocida en Bellas Artes y en el Claustro de Sor Juana, como "Protagonista de la literatura mexicana". Entonces, aquí está lo que Orso me comentaba, tuve el gran problema de que si yo sabía que Arreola se basó en múltiplos de tres: ¿cómo es que en mi texto solamente tenía 289 viñetas? Y es que se hizo una gran transgresión aún desde que tu papá estaba vivo por Joaquín Mortiz, ¿se acuerdan cuando cambió?, en vez de tener esta portada que diseñó Juan José Arreola (*me refiero al diseño intelectual de la estructura y orden de viñetas en la portada por parte de Arreola, aunque el dibujante que ejecutó el concepto fue el mismo Vicente Rojo*), la cambiaron al color rojo, para unificar todas de color rojo (*y eso no hubiera estado mal si hubieran dejado en una hoja interna, antes de los epígrafes, a esas mismas cinco viñetas que están en la portada original*); pero fui a la casa de Orso, con Héctor Alfonso, (*que*) es un investigador…

Orso: Rodríguez.

Fernando: Rodríguez.

Orso: Aguilar.

Fernando: …Aguilar, y Orso es el que me dio la clave:

Transparencia # 20: "El primer problema que tuve me lo resolvió Orso Arreola Sánchez, ya que yo había encontrado que Arreola se basó en múltiplos de tres para ordenar sus viñetas, sin embargo: ¡solamente tenía yo 289 viñetas en total! …Entones fuimos, el investigador Héctor Alfonso Rodríguez Aguilar y yo a la casa de Orso Arreola, quien nos recibió con toda su amabilidad a pesar de estar bien desvelado, y: Las viñetas que me faltaban ¡se encontraban en la portada misma de la primera edición!, viñetas de portada que nadie ha vuelto a reproducir desde entonces (es decir: les habían dado el triste tratamiento de la *"punta de plata"*…)"

> El primer problema que tuve me lo resolvió Orso Arreola Sánchez, ya que yo había encontrado que Arreola se basó en múltiplos de tres para ordenar sus viñetas, sin embargo: ¡solamente tenía yo 289 viñetas en total! …Entones fuimos, el investigador Héctor Alfonso Rodríguez Aguilar y yo a la casa de Orso Arreola, quien nos recibió con toda su amabilidad a pesar de estar bien desvelado, y: Las viñetas que me faltaban ¡se encontraban en la portada misma de la primera edición!, viñetas de portada que nadie ha vuelto a reproducir desde entonces (es decir: les habían dado el triste tratamiento de la *"punta de plata"*…)

Orso: (*pues él me dijo:*) lo que les comentaba: "Las cinco que te faltan están en la portada", y vean que bonita portada, a ver si se las pongo más en grande aquí, ¡aquí está!:

Transparencia # 21: "Al añadir éstas cinco viñetas, ¡se resuelve el problema de las viñetas faltantes! Las 289 viñetas individuales más las cinco que están en la portada nos dan **294**, que es: 3 x 98."

Orso: El tema son estas figuras…

Fernando: Es también… una hermosa poesía, vean: La estrella, de tus frutos, es el cáliz, de tu mirar, silvestre, vean, o sea hace poesía con imágenes, y así también lo hace en el texto de "La feria", cuando ustedes leen de arriba hacia abajo y llegan al dibujito y transforman en palabras lo que es el dibujo esa es una lectura adicional que ni siquiera he explorado, y se puede leer también de abajo hacia arriba; y ya para ir concluyendo, recuerdo que Arreola, cuando yo era niño, enfatizaba las epístolas paulinas, y a mí se me hace muy interesante porque como niño me leía la Biblia, el Cantar de los Cantares, Profetas, y las Epístolas de Pablo, incluso hay un texto cuando están hablando de San Pablo con Borges.

Orso: Le encanta Pablo.

Fernando: Y está diciendo Juan José Arreola que Pablo dice que para mí: "muero cada día", decía, pero también dice: "Que el amor lo vence todo", y cuando yo era niño me leía esto, que habla de la naturaleza tripartita del ser humano:

Transparencia # 22: "La persistencia del tres en "La feria" es algo que aspira a reflejar la condición humana de manera tripartita e integral:

...Completamente tu ser: lo espiritual, y el alma y lo corpóreo.. *(y en la transparencia numero las tres palabras con sus artículos "lo", "la" y "lo" con un número azul al pie de cada palabra, y ésta frase en griego aparece antes que las palabras que yo traduzco en español, y dice así: "…holokleron humon to pneuma kai he psuche kai to soma") y que en inglés allí lo traducen como: "entirely your spirit and soul and body" (pero que es una traducción incompleta, ya que deja los artículos neutros "lo" para "espíritu" y para "cuerpo", y deja fuera el artículo en el original griego que es femenino "la" para alma)* 1 Tesalonicenses 5:23b. *V.gr.*: **1)** El espíritu divino y fuerte reflejado en la voz de Don Isaías, **2)** el alma sensible reflejada en el frágil y joven poeta y **3)** el cuerpo sensual reflejado en esas "damas" que fueran reubicadas."

La persistencia del tres en "La feria" es algo que aspira a reflejar la condición humana de manera tripartita e integral:

3648 [e]	4771 [e]	3588 [e]	4151 [e]	2532 [e]	3588 [e]	5590 [e]	2532 [e]	3588 [e]	4983 [e]
holoklēron	hymōn	to	pneuma	kai	hē	psychē	kai	to	sōma
ὁλόκληρον	ὑμῶν	τὸ	πνεῦμα	καὶ	ἡ	ψυχὴ	καὶ	τὸ	σῶμα
entirely	your	-	spirit	and	-	soul	and	-	body
Adj-NNS	PPro-G2P	Art-NNS	N-NNS	Conj	Art-NFS	N-NFS	Conj	Art-NNS	N-NNS

...Completamente tu ser: lo espiritual, **1** y el alma **2** y lo corp.. **3**

1 Tesalonicenses 5:23b

V.gr.: **1)** El espíritu divino y fuerte reflejado en la voz de Don Isaías, **2)** el alma sensible reflejada en el frágil y joven poeta y **3)** el cuerpo sensual reflejado en esas "damas" que fueran reubicadas.

Fernando: Y una de las cosas que menciono en este libro de "Arreolana o La Clase de Arreola" es como tu papá nos exhortaba ¡a ir a los textos originales!

Orso: Bueno, este texto de "Arreolanza" es un esfuerzo titánico de Fernando por reconstruir un encuentro con Arreola, la verdad lo celebro mucho, estoy muy contento de este libro porque en realidad surge como tantos otros libros de los discípulos de Arreola, unos que estaban cerca, otros que estaban más lejos, otros que llegaron y se fueron, otros que fueron grandes escritores, me da mucho gusto eso, pero "Arreolanza" es una buena "recordanza" de Arreola.

Fernando: Sí, es una "remembranza", y lo que recuerdo es que Arreola nos llegó a leer esto y nos dijo: "si pueden busquen los originales", recordé eso, y yo quise ser un autodidacta del texto griego del Nuevo Testamento, y del hebreo del Antiguo Testamento, y gracias a Dios ya existen en el internet los interlineales, en este caso está una línea en griego, y otra línea en inglés, y si se dan cuenta, es más claro que aún en español, porque se dan cuenta que siempre cuando se habla de espíritu es neutro, entonces no se trata de una persona distinta, en el texto, es una facultad o habilidad divina que llevamos dentro, como decía tu papá en "La implantación del espíritu", y es algo que se me quedó muy grabado (*que*) al nacer nacemos como animalitos, solamente con cuerpo y alma, ¡"recibimos el espíritu como un acto de conciencia"!, cuando podemos pensar, ¡fíjate qué tremendo!, es algo profundo.

Orso: Claro que sí Fernando. Bueno, pues yo creo que ha sido muy interesante tu participación en este "Coloquio arreolino"…

Fernando: Sí.

Orso: …ya en la quinta jornada, y en verdad te agradezco mucho tus apreciaciones que además la crítica literaria las va a tomar en cuenta, o lo que sé, seguramente las va a considerar, y se van a publicar en revistas especializadas, muchas gracias por todo este aporte, sí.

Fernando: Con todo gusto, y ya para terminar, porque ya me comentan que me quedan muy pocos minutos, quiero poner un solo ejemplo por favor, de cómo Saúl Yurkievich adulteró las viñetas y vean que importante es, le comenté esto a otro profesor de literatura que conocí gracias a los eventos arreolinos, en este caso el profesor Sánchez Ocampo, le presenté éste descubrimiento y él dice: ¡Qué bien! Se trata de que hay esos cinco fragmentos en los que se ponen flores… ¡esos seis fragmentos! Cinco hablan (*entre otras cosas*) de la relación del joven poeta con su amada, y cómo él sufre por ella (*nota: son específicamente dos de los seis los fragmentos que tratan ese punto de la pareja*), y el que está invertido que yo puse en rojo, ¿sabes cuál es el que puso Arreola?: ¡cuando los afeminados hablan! Entonces ahí él tuvo un juego de "palabras" (*nota: un juego más bien visual de imágenes, contrastando las cinco normales con una sola invertida*): la flor invertida…

Transparencia # 23: "Veremos tan sólo una de las diferencias del ordenamiento de viñetas de Arreola hasta el 1966, con aquel alterado desde 1995 por Yurkievich: (*y, a continuación pongo un fragmento de mi*) *conversación con el profesor Juan Manuel Sánchez Ocampo, al que le digo:*)

...Aquí la numeración correcta y la adulterada de Saúl: La correcta, viñetas con tallo a la izquierda (habrá que numerar los fragmentos para poder ver todo esto): 49, 90, 177, 212 y 244; el fragmento volteado o invertido (con toda la intención arreolina): El 138. Saúl alteró esta serie de la siguiente manera: Fragmentos de Saúl con tallo a la izquierda: 49, 90, 138, 212 y 244; el que ese infeliz invirtió en lugar del otro fue el siguiente: 177... En fin, eso es tan sólo el comienzo... Saludos!!! Atte. Fernando." (*A lo que él me responde:*) "Oye, qué bien, qué dedicación, gracias por compartir esas primicias." (*Luego, abajo pongo las seis flores: con cinco flores, que yo coloreo de azules para distinguirlas de la otra invertida, las cuales están mirando hacia la misma dirección (teniendo su tallo hacia la izquierda) y una flor invertida, a la que yo pongo de color rojo (mirando su tallo hacia la derecha), y pongo que esto corresponde a:*) Arreola, 1966. S. Y. (*Saúl Yurkievich*) reemplazó la flor invertida referente a los afeminados por otra que se refiere a la soledad del enamorado (*Y luego pongo la forma en la que S. Y. hizo el cambio, metió a la flor invertida entre las normales e invirtió otra totalmente diferente, que es la que se refiere a la soledad del novio porque no pudo ver a su amada, y pongo que ese cambio corresponde a:*) Yurkievich, 1995.

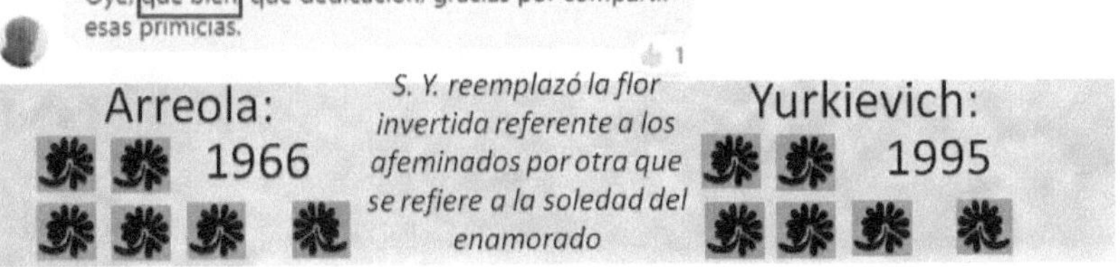

numeración correcta y la adulterada de Saúl: La correcta, viñetas con tallo a la izquierda (habrá que numerar los fragmentos para poder ver todo esto): 49, 90, 177, 212 y 244; el fragmento volteado o invertido (con toda la intención arreolina): El 138. Saúl alteró esta serie de la siguiente manera: Fragmentos de Saúl con tallo a la izquierda: 49, 90, 138, 212 y 244; el que ese infeliz invirtió en lugar del otro fue el siguiente: 177... En fin, eso es tan sólo el comienzo... Saludos!!! Atte. Fernando.

Oye, qué bien, qué dedicación, gracias por compartir esas primicias.

Fernando: Y vean, eso no le gustó a Saúl Yurkievich, y lo que él hizo, él reemplazó y puso como normal el (*fragmento*) de los invertidos y alteró otro en donde el enamorado hablaba de su tristeza porque se le había ido su amada "a Colima" (*aquí, como nuestros invitados especiales: Efrén Rodríguez, el siguiente ponente después de mi, quien presentaría su libro de sonetos: "Mis tardes con Arreola", quien venía de Colima junto con su esposa e hijos, y la amada del escritor era de Colima, asumí que cuando él no la encontró, es porque había ido al lugar de donde era; hay una distancia de 72 km o una hora en auto entre Zapotlán el Grande (hoy "Ciudad Guzmán") y Colima*); ¿se dan cuenta?, aquí ya hubo…

Orso Arreola aquí se sonríe y emite unas risas y sonrisas, así como también el público.

Fernando: …hubo algo en la adulteración de la viñeta y…:

Transparencia # 24: 46ava viñeta: La flor: (**se ve la imagen, coloreada por mí, de las dos fotos originales, la normal en azul y la inertida en rojo, y digo respecto a éstos dibujos:**) ¡Los cempasúchiles originales! (*y luego pongo las mismas imágenes como se encuentran en la versión electrónica de la obra de Saúl Yurkivevich, y en gran medida también en su versión impresa, las cuales pierden su claridad (yo inicialmente hasta creí que eran "Guajolotes" picando el grano), y por eso pongo en rojo una equis dentro de un círculo de "tache" para esas dos, y digo:*) S. Y. pierde la claridad! (*Luego doy la siguiente explicación:*) Cinco flores de cempasúchil con tallo a la izquierda, literales o figuradas: 1) el indio enfermo con postal de bandido creyendo que era un "Jesús" (y todo eso lleno de ofrendas de flores), 2) el sembrador (y allí tiene a sus "flores") que ve "estrellitas verdes" (refiriéndose a las luciérnagas), <u>3) luego, se trata sobre la soledad sin pareja del que ama</u>; 4) la amada le pide un año de espera, y 5) los "Juegos florales" se quedan sin flor para el premio
¡Más una flor invertida: El fragmento **invertido** original de Arreola con los afeminados hablando! (Saúl Yurkievich intercambió a este con el <u>subrayado</u>):

46ava viñeta: y *La flor*
¡Los cempasúchiles originales! Pero...: ¡S. Y. pierde la claridad!
5 flores de cempasúchil con tallo a la izquierda,
literales o figuradas: 1) el indio enfermo con postal de
bandido creyendo que era un "Jesús" (y todo eso lleno
de ofrendas de flores), 2) el sembrador (y allí tiene a
sus "flores") que ve "estrellitas verdes" (refiriéndose a
las luciérnagas), 3) luego, se trata sobre la soledad sin
pareja del que ama; 4) la amada le pide un año de
espera, y 5) los "Juegos florales" se quedan sin flor
para el premio
*¡Más una flor invertida: El fragmento **invertido***
original de Arreola con los afeminados hablando!
(Saúl Yurkievich intercambió a este con el subrayado)

Fernando: …para terminar quisiera invitar al niño Gael, siempre me gusta que algún niño participe, porque yo cuando era niño aprendía de Juan José Arreola, y le voy a preguntar algo muy breve, porque él me ayudó a comparar los textos que ustedes han visto, para ver si coincidían las viñetas.

Orso: Ándale.

Fernando: Entonces, una pregunta muy breve: ¿Qué te pareció la comparación que hicimos?

Gael (*un niño de diez años que me ayudó a comparar viñetas entre las versiones*): Muy bien.

Fernando: Sí, vean, esto tiene un valor educativo para los niños muy grande, que ya no se logra con la nueva versión porque son solamente siete viñetas, que en este caso agruparían 40 fragmentos, cuando tu papá estratégicamente los agrupó de manera bien pensada, y con esto quisiera ya terminar y decirles que he publicado un libro en *Amazon* con estas nuevas observaciones que se llama, los: "Comentarios a "La feria" de Arreola. En lectura a través de sus viñetas". Creo que voy a seguir publicando en *Amazon* porque éste (tomando y señalando el librote impreso de "Arreolanza") lo tuve que publicar sin el I.S.B.N. porque me lo han retenido por seis meses, entonces yo dije: "Un proceso tan rápido, como que hay corrupción y quieren mordida para sacarlo más pronto".

Orso: Claro.

Fernando: ¿Y saben qué sucede en *Amazon*? Al piquete de una tecla me lo dan gratis: ¡inmediatamente!

Transparencia # 25 (*y última*): "Esto y mucho más se encuentra en mi libro en *Amazon* "Comentarios a "La feria"…"": El libro de "La feria" de Juan José Arreola contiene 289 vieñtas más las cinco de la portada original de 1963 (J. M.) = 294 ó 3 x 98. Cuando uno hace una lectura del mismo a través de sus viñetas, descubre que Arreola agrupó sus fragmentos con un plan, por lo que ésta se podría considerar ¡una lectura temática alterna de "La feria"! Habiendo descubierto esto el autor de este libro, precisamente en el año del centenario del escritor, quiere éste rendirle un tributo al mismo, quien fuera el mejor educador de su infancia. Por ejemplo, las tres viñetas más frecuentes, las tres intermedias y las tres menos frecuentes, así omo las primeras y las últimas tres viñetas alternas, todas ellas dan como resultado múltiplos de tres, evidencia adicional que Arreola planeó cuidadosamente el orden de las mismas, ¡como si fueran un ajedrez literario! (contraportada del libro:) Comentarios a "La feria" de Arreola. En lectura a través de sus viñetas. Fernando Castro Chávez" (*los créditos al carro alegórico que aparece en la portada corresponden a:*) "Carro alegórico #3 - 2017: **Jesucristo, caricia de Dios** para las familias", donado por la familia del Toro Rodríguez." https://www.amazon.com/Fernando-Castro-Chavez/e/B07GL44ZYN

Fernando: ¡Muchas gracias! Muchas gracias Orso (*y entonces se escuchan los aplausos*)

Orso (*acercándoseme al oído me dice en voz baja mientras suenan los aplausos:*) ¡Muy bonito! (*a continuación añado los comentarios finales de Orso para con mi obra y con mi presentación, después de que la segunda conferencia hubo acabado, dirigiéndose primero al público:*)

Orso: Muchas gracias por su compañía, les agradecemos; y bueno, pues no me queda más que celebrar esta compañía tan grata de Fernando Castro Chávez con "Arreolanza, La Clase de Arreola", es un libro nuevo que hay que estar atentos a él... (*entre tanto, Efrén Rodríguez que se encuentra en el pódium asiente con la cabeza, luego Orso dice otras cosas en relación con Efrén, y al final retoma el tema de mi presentación con las siguientes palabras:*) ...y, en cuanto a Fernando Castro Chávez pues le deseo mucho éxito en sus investigaciones, es muy minucioso y hoy nos ha presentado un ángulo histórico nuevo de la interpretación de "La feria" que son las viñetas y el diseño y tienen mucho que ver con el discurso de la novela, recuerden que la palabra en imagen en diseño gráfico o en un libro, o en una película o en un video es lo que llamamos el discurso de la imagen. La novela "La feria" de Juan José Arreola no sería lo mismo sin que hubiera colaborado con Vicente Rojo, el diseñador de las viñetas que le dan unidad: le dan unidad y en cierta forma le dan armonía, ritmo y forma a la novela de Juan José Arreola, muy distinta a lo que recordaba algún amigo hoy, que es "Rayuela" de Cortázar, que se publicó el mismo año, pero nada que ver una novela con la otra: son fragmentarias, pero Juan José Arreola logra la unidad a través de la vida personal, y de su, pues yo diría: ¡brillante imaginación como escritor! Muchas gracias *(y luego se escuchan los aplausos finales; al día siguiente, Pazarín nos pide que digamos algo referente a Arreola y no dudo en levantarme y decir algo, le digo a mi nueva amiga que está a mi lado izquierdo en voz baja:)* Ahorita si te encargo detener esto, voy a pasar *(y luego ya digo ante el público lo siguiente:)*

Fernando: Fue… el mejor educador y maestro que yo he tenido y deseo que su obra sea restaurada como originalmente él la pensó.

APÉNDICES

APÉNDICE 1

Dejo aquí algo inédito que yo escribiera para alguna revista en relación con mis descubrimientos de las viñetas de "La feria", como una probada del detalle en el que abordo el tema en mi libro relacionado que se refiere al final de este apéndice y al final de la introducción:

Otra lectura de "La feria" por las viñetas de Vicente Rojo Almazán (Artículo).

Sara Poot Herrera: "…Y preguntémonos: ¿en qué momento coincidieron para su publicación dibujos y textos?"

Y yo le respondí: "La feria"

Coloquios Arreolinos 2018 (22 de septiembre, ~12:50 PM)

"De las ferias la de Arreola es más hermosa" Sara Poot Herrera.

Por Fernando Castro Chávez.

Este estudio comenzó a partir de la preparación de mi libro acerca de lo que Arreola me enseñaba de niño llamado "Arreolanza", en cuyo capítulo tres comencé yo a "Comparar" las cosas, aplicando mi experiencia como investigador científico de las áreas médicas en biología molecular, de allí los números que a continuación veremos.

Si consideramos que Juan José Arreola era muy cuidadoso con sus ediciones, tanto para las revistas como para los libros que él mismo produjo, lo que concluimos es que el ordenamiento de las viñetas o asteriscos que aparecen en su libro de "La feria" no es aleatorio, sino también minuciosamente pensado.

Dada la brevedad del tiempo del que dispongo (media hora para presentar este tema en los Coloquios Arreolinos del sábado cinco de octubre a las ocho de la noche, antes de que mi compañero de evento, Efrén Rodríguez presente su ameno tema de "Mis tardes con Arreola"), me concentraré en dos aspectos: **1)** el de la "numerología" de "La feria" basada en múltiplos de tres y en **2)** cinco ejemplos del ordenamiento temático de Arreola según sus viñetas.

Las viñetas fueron realizadas por Vicente Rojo Almazán, pintor y escultor de la "generación de la ruptura" (la que en reacción al muralismo izquierdista mexicano, incorporó valores más cosmopolitas, abstractos y apolíticos en su trabajo), nacido en Barcelona, España, el 15 de marzo de 1932, pero que luego se nacionalizó como ciudadano mexicano. Sus primeros estudios los hizo en España en la "Escuela Elemental del Trabajo", y fueron de dibujo, cerámica y escultura (comenzados en 1946, a sus 14 años), pero cuando tenía 17 años lo reclamó su papá, quien era uno más de los exiliados españoles radiados en México debido a la persecución de Francisco Franco; y, catorce años después, Vicente Rojo realizó las viñetas o asteriscos que, excepto las cinco de la portada, aparecen inseparablemente ligadas a "La feria" de Juan José Arreola desde entonces (en aquella época, Vicente Rojo era bien conocido pues trabajaba en lo siguiente: en la "*Revista de la Universidad*" (UNAM), en la de "*Artes de México*" (INBA) y en la de "*La cultura en México*" (de "*Siempre!*"), en el suplemento de "*México en la Cultura*" y en la "*Editorial Era*", de la que fue director de arte y parte del consejo editorial).

Juan José Arreola nació el 21 de septiembre de 1918 y falleció el 3 de diciembre del 2001, en una de mis estampas de escuela de primaria leo yo lo siguiente referente a él para el tema que nos concierne: "En 1963 aparece su novela "La feria". Escritor de talento y sensibilidad, es considerado uno de los mejores narradores de las letras mexicanas (Ediciones *RAF*, núm. 1061, impreso en México)".

Yo baso este estudio en la versión de "La feria" de 1966, que es la tercera edición de la "Serie del volador" de Joaquín Mortiz (ver referencia al final).

Cuando platicaba con Felipe Vázquez acerca de estas cosas, decidió el entregarme uno de sus libros de poemas del 2017 y en su dedicatoria escribió esta frase tan adecuada para encabezar lo que sigue: "Para Fernando Castro Chávez, con el gusto de compartir **ecuaciones literarias**, Felipe Vázquez".

Las viñetas o asteriscos originales diseñados por Vicente Rojo para "La feria" de Arreola son solamente **80** viñetas originales que se repiten hasta llegar a 289 en el texto, ¡y algo más!, y si consideramos aquellas que de estas se repiten de manera alterna (que son tan sólo tres), tenemos **83**.

Entonces, precisamente comenzaremos viendo dichas "ecuaciones literarias" para proseguir con ejemplos literarios de las mismas como se presentan a partir de un ordenamiento temático mediante las viñetas originales de "La feria":

1) Los múltiplos de tres de "La feria" de Arreola:

El total de las viñetas que aparecen dentro del texto de "La feria" son **289**, todas encabezando algún fragmento de la obra, excepto la última, "La parroquia" (que según un amigo corresponde a "El sagrario"), que es la que cierra todo el texto.

Tengan en mente este número de viñetas totales dentro del texto mismo; a continuación vamos a ver tan sólo tres de los cinco aspectos únicos de "La feria", a saber: **A**) Sus tres primeras viñetas por frecuencia, **B**) Sus tres últimas viñetas por frecuencia y **C**) Sus tres viñetas centrales.

A) Sus tres primeras viñetas que aparecen con la más alta frecuencia de aparición, la cual corresponde a **seis**, son las siguientes (su nombre se presenta acompañado por la frecuencia de las mismas):

i) "El trébol" (número nueve en secuencia ordenada), que es la primera viñeta con una mayor frecuencia que aparece de manera ordenada en el texto. Seguido de:

ii) "La corona" (número once según su orden de aparición). La cual es seguida por:

iii) "El candelabro" (número 24 según su orden de aparición).

Entonces, concluyendo: las tres primeras viñetas originales por frecuencia que fueran dibujadas por Vicente Rojo, cuando se suman, nos dan un total de **diez y ocho**, a saber, mediante la "ecuación": 6 + 6 + 6 = **18** veces.

B) Sus tres últimas viñetas por frecuencia son las siguientes, todas ellas con una frecuencia de **tres**:

i) "Las banderitas" (número 76 por orden de aparición). Seguidas por:

ii) "Los labios" (número 78 por orden de aparición). Para terminar con:

iii) "La pistola" (número 80 y último por orden de aparición).

Aquí entonces, concluimos este apartado diciendo que las tres últimas viñetas por frecuencia según su orden de aparición, que fueran dibujadas originalmente por Vicente Rojo, cuando se suman, nos dan un total de **nueve**, lo que se puede representar con la suma o "ecuación": 3 + 3 + 3 = **9** veces.

Con "La pistola" terminan los grupos de viñetas que poseen tres fragmentos cada uno.

C) Luego, veremos a las tres viñetas que aparecen al centro, también cada una con tres repeticiones (esto si contamos solamente a las ochenta viñetas principales, sin incluir a sus seis subdivisiones debido a aquellas tres viñetas que se presentan con dos variantes cada una), las cuales, de nuevo cada una apareciendo un total de tres veces, posicionalmente corresponderían a las viñetas dentro de los números

39, 40 y 41 (esta vez su posición se da al principio):

i) "02 La guirnalda de oliva" (con dos variantes): tallo a la izquierda 1 + tallo a la derecha 2 = 3.

ii) "03 Las cuatro milpas", y:

iii) "05 El cañón".

Esto es notable, porque justamente aquí, con "La guirnalda de oliva" comienza el gran grupo de las viñetas con tres fragmentos por viñeta.

Siendo en este caso la suma o "ecuación", como en el caso anterior, la siguiente: 3 + 3 + 3 = **9** veces.

Ahora, y volviendo al acertijo inicial de que si las viñetas por frecuencia ubicadas a los extremos opuestos y en el centro del total eran inevitablemente múltiplos de tres (además de las tres sub-viñetas de mayor y de las tres de menor frecuencia), mi pregunta era: ¿Porqué tenía yo solamente 289 de las viñetas originales de Vicente Rojo, sin ser este número un múltiplo de tres?...

Este enigma se resolvió cuando Héctor Alfonso Rodríguez Aguilar y un servidor fuimos a la casa de Orso Arreola Sánchez, hijo de Juan José Arreola, el cual nos dijo que, como sospechábamos, su papá era muy detallista hasta en las cosas menores, por lo que en este caso, la respuesta a mi incógnita era que su papá había considerado como de suma importancia para completar su historia y sus cuentas: ¡La portada original de "La feria"! Sí, me refiero a aquella portada de 1963 de la "Serie del volador" de la editorial de Joaquín Mortiz.

Entonces, ¡por pura gracia infinita el director de la Biblioteca Juan José Arreola, el Ing. José Antonio Cortés me regaló la tercera edición de 1966 de "La feria" de la "Serie del volador", de Joaquín Mortiz!

En esta portada entonces: ¡se observan las cinco viñetas que me faltaban!, las cuales son vitales para completar mi cifra anteriormente citada de 289: 289 + 5 = 294, y las viñetas son las siguientes, en un orden de arriba hacia abajo: **1)** La estrella (que aparece teñida de un color azul – violeta, luego vienen como número **2)** Los frutos, que pudieran corresponder a unas manzanas), luego viene la viñeta número **3**) El as de copas (de la baraja española, que es el "Santo cáliz" o el "Santo grial"), luego sigue **4**) El ojo y finalmente **5**) El trébol.

Por lo que concluimos este apartado numérico en el que hemos visto múltiplos de tres en nueve instancias básicas, lo cual no pudiera ser el resultado del azar, ya que si lo fuera, sería como obtener seis veces seguidas la misma cara de una moneda, lo cual hasta donde yo sé no es posible, ya que lo más normal es una distribución uniforme de ambos lados, es decir de unas tres caras y tres cruces, o a lo sumo cuatro y dos, pero no seis caras en una sola serie de intentos.

2) Las narrativas temáticas a leer a "La feria" conforme a sus viñetas con mayor y con menor frecuencia:

> **i**) El epígrafe primero del profeta Isaías:

> **a**) El original dice así:

> "Él hizo mi **boca** como cortante espada, Él me **ha guardado** a la sombra de Su mano e hizo de mí aguda saeta y me guardó en Su aljaba... (Él)... **me formó**... te **pondré** por alianza de mi pueblo, para **restaurar** la tierra y **para heredar lugares deshabitados**" Isaías 49:2, **5** y 8."

> **a'**) El texto modificado por Arreola dice así (note que Arreola ha omitido el citar al versículo 5):

> *"Él hizo mi **lengua** como cortante espada; él me **guarda** a la sombra de su mano; hizo de mí aguda saeta y me guardó en su aljaba. **Yo te formé** y te **puse** por alianza de mi pueblo, para **restablecer** la tierra y **repartir las heredades devastadas**. Isaías 49:2, _, 8."*

> **ii**) El epígrafe segundo de Fréderic Mistral:

> **b**) Aquí, el original dice así (note que las dos comas originales han sido suprimidas por Arreola):

> "Amo de moun pais, **Tu** que **dardaies** **,** **manifèsto** **,** **E** dins sa lengo e dins sa **gèsto**. *F. Mistral*."

b') El texto modificado por Arreola dice así:

"*Amo de moun pais,* **tu** *que* **dardais _ manifesto _ e** *dins sa lengo e dins sa* **gesto**. *F. Mistral.*"

Éste texto del segundo epígrafe, Arreola lo traducía de las siguientes maneras (con las variantes de sus traducciones o "aproximaciones", como le gustaba a él llamarlas, entre paréntesis): "Alma de mi pueblo (país) que fulguras (resplandeces) manifiesta en su lengua y en su gesta". Fréderic Mistral *(1830 - 1914)*, cuyo texto lo encontramos al inicio de su fantástico poema narrativo "*Calendau*" *(1867)*.

ii) La última viñeta original, según su frecuencia, la número 80 del texto, es la de "La pistola":

Aquí, en "La pistola", tres son los fragmentos que incluyen al último según este ordenamiento conforme a la aparición de las viñetas y su agrupamiento por viñetas idénticas y similares:

a) *Fragmento* A80.1-F162: "Julio 16... ya no la he visto. Tal vez se fue a Colima... Cuando vuelva, tengo la esperanza de que seré correspondido. **Su recuerdo vaga ante mis ojos**. A ella dedico mis más puros pensamientos."

b) *Fragmento* A80.2-F172: "Uno de nuestros reporteros encontró por la calle 15 de Mayo a cinco individuos en fuerza de carrera... A una cuadra de distancia encontró a cinco o seis gendarmes... **echaban balazos a diestra y siniestra**... los reos escaparon, unos por la calle de Cuauhtémoc, rumbo al sur, otros rumbo al norte, y otros siguieron de frente... atravesando la casa del caballo. Cuando ya no pudo nuestro reportero ver el movimiento, se encaramó en el campanario de La Merced, y de allí vio que uno de los reos, que iba ya en el cerro, cayó en tierra en el momento en que **se oyeron detonaciones de armas**; pero se levantó en seguida y siguió su camino, por lo que se cree que uno de los prófugos va herido. Hay quien asegura que fue Francisco Vegines. Otro de nuestros reporteros encontró por Colón a dos de los prófugos, que paso a paso siguieron su camino sin que nadie se atreviese a molestarlos"."

c) *Fragmento* A65.3-F196: "Le iba a decir una barbaridad, pero la mujer se le adelantó, sacando del rebozo un montoncito de pesos de plata: —Aquí le traigo veinte pesos a cuenta…""

Aquí también, en breve según nos sea posible, diremos que en el primer caso, como en el ejemplo anterior, se fusiona lo literario con lo literal, el caso del amor, de la atracción, ya nos lo dice el Cantar de los Cantares, el cual señala que "fuerte como la muerte es el amor", y en el segundo caso el uso de "La pistola" como viñeta es obvio, teniendo algunas cosas que señalar al respecto, primero, la costumbre de Arreola de hacer alusión a nombres históricos que tal vez se fusionen con nombres locales, por ejemplo, encontré en el internet a este o a un "Francisco Vegines": "A quien históricamente el marqués de Valde-Loro, don Alonso Boza de Chaves, gobernador de Llerena, ubica en el S. XVIII como siendo un fraile dominico y un asesino, junto con otros dos frailes criminales, quienes mataron a dos priores que se opusieron a sus perversidades; si esto fuera así (aunque pudiera también tratarse de alguien local con semejantes atributos): ¿De dónde aprendió Arreola esa historia?, ¿no será acaso que al final de su obra cuando se lee a través de sus viñetas nos quiere dejar él una tarea para que nosotros la investiguemos?"

Además, al leer "La feria" conforme al orden de sus viñetas, ésta termina con un misterio y con una intriga, ya que se trata de unos criminales que van huyendo de los soldados, y salen por la ficticia calle llamada la "15 de Mayo", y corren por la calle real de Cuauhtémoc, yéndose detrás de los que se escapan hacia el cerro: dice que le tiran a uno que cae, y que luego se levanta y sigue corriendo (que es al que Arreola llama "Francisco Vegines" que ya vimos antes), pero hay otros dos que escapan con un gran cinismo, caminando tranquilamente por la calle de Colón, y la gente sabe que son criminales, pero nadie se atreve a decirles o a hacerles nada. Tres puntos me hacen pensar que esto es un discreto homenaje de Arreola a la obra de "La hija del bandido o los bandidos del Nevado" de Refugio Barragán de Toscano: **i)** La calle 15 de Mayo (pues ella comienza su obra en la llamada actualmente 1 de Mayo (la antigua calle de San Pedro)), **ii)** Que los dos bandidos inmunes huyen por la calle de Colón (que juega con la palabra del bandido principal de Barragán: "Colombo", que es precisamente como se le dice al descubridor de América en su propia lengua: Cristoforo Colombo; que en el criminal sería una posible personificación de Martín Toscano, según me dijera la estudiosa de la obra de Barragán, Didí Sedano), y **iii**) Que son dos criminales los que resultan ilesos e inmunes (y en Barragán también son solamente dos los que quedan vivos de todos los criminales del Nevado y de Guadalajara: Martín y Fortún, respectivamente), pero todo esto queda abierto, tanto al criterio personal, como a mayores estudios... y por eso digo yo que la obra de Arreola es una fuente de inspiración y de exploración sin final. En el tercer caso, el disparo iba a ser de cólera por parte del cerero, del hacedor de velas, pero se dio cuenta a tiempo de que lo que la mujer traía era el primer abono en dinero contante y sonante que él tanto necesitaba, por lo que contuvo su cólera.

Notas finales: La última viñeta que concluye con todo el libro de "La feria", pero ya sin fragmento alguno, es la que representa a "La parroquia", hoy llamada "Catedral", la cual numéricamente corresponde a la viñeta número 67 por orden de aparición, mientras que la última viñeta con texto es la número 75 y corresponde a "El quiosco", que es el dibujo que adorna al último fragmento de "La feria", el cual es el número 288, debido a que esa escena se desarrolla alrededor del dicho quiosco local.

Como en el caso de arriba, aquí también hay mucho más por decir, ¡casi ochenta cosas más!, pero me concentraré en otras cuatro, lo más brevemente posible:

C) "La trompa uterina": para esta fue muy impresionante el descubrir el sentido real de ella (ya que también se asemejaba a la cabeza del "Borrego negro" que asedió a Arreola cuando niño y que en sus pesadillas se le volvía a presentar persiguiéndolo): Aquí son cuatro fragmentos referentes a la mujer: En el fragmento A52.1-F56 el confesado canta (hablando de lo que dice una mujer fácil) "soy como la baraja...", y el confesor lascivo le pide más; en A52.2-F133 la dama le pide al novio que no la siga acariciando cerca de la gente, ya que los pudieran ver, pero como pidiéndole más; en A52.3-F216 el ferrocarrilero se alimenta antes de matar a su esposa; y finalmente en el fragmento A52.4-F254 otra mujer descubre lo que es fornicar y quiere hacerlo más frecuentemente;

D) "Las zapatillas": Aquí se tienen tres fragmentos para ésta viñeta: En A54.1-F58 se narra la huída de "Pedazo de hombre", verdadero padre de la que escucha, y se dice de una manera a la Duhamel que la madre de la oyente le quemó la pata de palo por esconderla en el horno cuando llegó su verdadero marido; en A54.2-F120 se habla de "Concha de Fierro", mujer de un grueso himen; y en el fragmento A54.3-F240 se habla que unos bandidos que estaban devastando el área cercana a una hacienda;

E) "Los labios": En sus tres fragmentos se descubre lo que esta viñeta representa: En el A78.1-F114 La Matraca fue la más beneficiada al reubicar el H. Ayuntamiento a las prostitutas por los lugares en donde se encontraban las propiedades de ella; en el A78.2-F123 se habla de la ramera que murió en la pista después de que una palomilla negra se le paró; en el fragmento final para este tema, el A78.3-F236, La Matraca va a pedir un vestido de "virgen" para enterrar a la envenenada, pero Chayo, quien ya no era virgen por culpa de que Odilón la engañó, se niega a dárselo;

F) "La pierna": Ésta tiene cuatro fragmentos: A79.1-F116: "Hojarascas, le están pegando a dar…"; A79.2-F124: hablando de la reubicación de rameras, don Isaías dice que ojalá que las hubieran mandado arriba del cerro, para que costara trabajo subir y que al bajar borrachos se despeñaran; A79.3-F238: El cerero va a los burdeles por lo de la cera (la matrona la produce);A79.4-F255:Las tipaneras intercambian hasta su cuerpo a cambio de elotes.

Quisiera ahora culminar con una bella frase, y muy cierta, que Sara Poot Herrera dijera cuando estaba en los Coloquios Arreolinos del 2018, el 22 de septiembre, en la Casa Taller Literario Juan José Arreola: "El que al buen Arreola se arrima, ¡buena sombra le cobija!" (Mientras que su esponjada cabellera blanca, cual árbol real, en la foto que estaba sobre ella, ¡suavemente, como estática, derramaba su sombras!)."

Referencia:

Castro Chávez, Fernando. Comentarios a "La feria" de Arreola. En lectura a través de sus viñetas. Amazon, 2018. URL del libro: https://www.amazon.com/gp/product/1719996792. URL del Kindle: https://www.amazon.com/gp/product/B07GZZ9ZWS

APÉNDICE 2

Pongo ahora la carta que escribí para "Editorial Planeta Mexicana" que esperaba firmaran los que quisieran de entre los asistentes para mandarla al día siguiente, pero me imagino que por razones de tiempo durante ese día, Orso decidió conservarla…:

Editorial Planeta Mexicana S.A. de C.V.
(Editores de "La feria" de Juan José Arreola),

Quisiera presentarme ante ustedes, soy un alumno postdoctoral de Juan José Arreola que presenté en los "Coloquios Arreolinos" acerca de la "Otra lectura de "La feria" de Arreola por las viñetas de Vicente Rojo", y descubrí que dichos dibujos como se encontraban originalmente son necesarios y fundamentales para la obra.

Además, nos dimos cuenta (con gran desagrado), mientras preparábamos nuestra ponencia, el descubrir que en la más reciente edición (la del 2018, y tal vez en la previa del 2015) de "La feria",[1] todas las viñetas originales dibujadas por el renombrado artista Vicente Rojo Almazán han sido reemplazadas con siete viñetas que se repiten una y otra vez y que no tienen relación alguna con el contexto de los fragmentos de "La feria". Como lo hemos demostrado en dicha ponencia, cada una de las 80 viñetas originales de Vicente Rojo tiene relación con los 288 fragmentos de "La feria" que son precedidos por cada una de estas viñetas, más la viñeta 289 que cierra la obra.

---

[1] La edición de ustedes que noté en la que se han reemplazado todas las viñetas originales de Vicente Rojo Almazán con siete viñetas recurrentes y sin sentido para con su contexto es: Arreola, J. J. La feria. *Editorial Planeta Mexicana S.A. de C.V.*, 2015, 2018. ISBN 978-607-07-2620-0 (Diseño e ilustración de portada: Carlos Palleiro, *Offset Rebosán S.A. de C.V.*); 200 p. (La cual es precisamente la que han estado regalando al por mayor).

Además, descubrimos mientras esto investigábamos que las cinco viñetas originales de la versión primera de Joaquín Mortiz de 1963 de su "Serie del volador", cuentan también para dar el total adecuado que Arreola tuvo en mente (un múltiplo de tres): 294 (que se obtiene de la suma de las 289 viñetas del texto más las 5 de la portada original; ya que a partir de 1971, con la edición del *FCE* de las "Obras" de Arreola, a cargo del argentino Saúl Yurkievich, ¡veinte de las viñetas originales han sido alteradas con viñetas que él puso que no corresponden al diseño original de Arreola!, además de ser esas sus viñetas, las que ustedes han estado duplicando en sus versiones, unas de pésima resolución y de pésima calidad (aparentemente copiadas de un libro en vez de haber sido tomadas de las placas originales). Por ello, se les solicita de la manera más atenta, que en ulteriores ediciones, de ser posible y por favor:

1) Regresen a las viñetas originales de Vicente Rojo Almazán de 1963 (de la Ed. Joaquín Mortiz), reproduciéndolas con la mayor calidad posible (tal y como lo hizo, pero en el caso de ustedes, con las viñetas correctas (ya que aún esta referencia que viene falló al poner erróneamente 22 viñetas que no corresponden al original): Arreola, J. J. La feria. Secretaría de Cultura. Gobierno del Estado de Jalisco. ISBN 978-970-624-576-2 (En pasta dura. Diseño de colección (para la serie: *Letras inmortales de Jalisco*): Avelino Sordo Vilchis. **Asteriscos: Vicente Rojo**. Composición tipográfica: *Rayuela, Diseño Editorial*. Cuidado de la edición: **Patricia Griselda Gutiérrez Navarro**. Cuidado del texto: Elizabeth Alvarado, Felipe Ponce y ASV), 145 p., 2008.

2) Agreguen en una hoja antes de los Epígrafes a las cinco viñetas que encabezaban la portada original de 1963 antes mencionada, cuyas viñetas son, de arriba hacia abajo, las siguientes: 1) La estrella, 2) Los frutos, 3) El as de copas, 4) El ojo y 5) El trébol.

Atentamente,

Fernando Castro Chávez, *PhD*
A cinco de octubre del 2018

Y los siguientes asistentes al "Coloquio Arreolino" del 05/10/2018, también firmamos:

APÉNDICE 3

Algunas fotos del evento, aparecen en ellas Orso Arreola Sánchez y Fernando Castro Chávez:

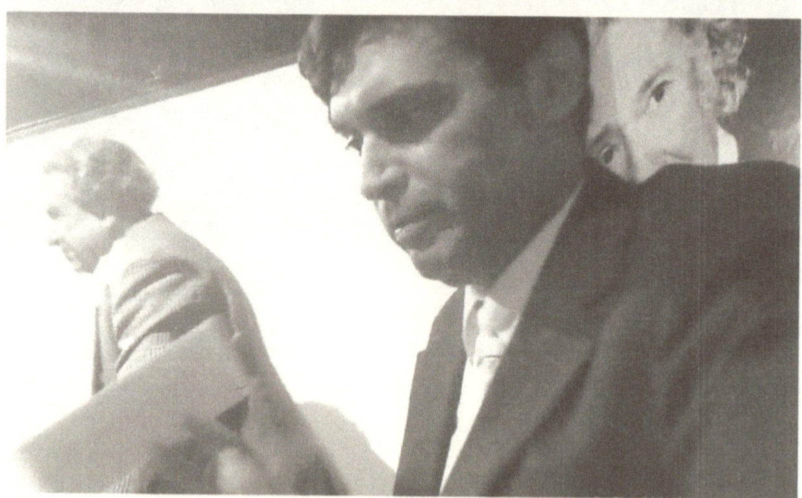

REFERENCIAS DE LAS VERSIONES DE "LA FERIA" CONSULTADAS

Con mis comentarios:

1) Mi estándar de oro:

Arreola, J. J. La feria. [Tercera edición, diciembre de 1966]. D.F.: *Joaquín Mortiz* ("Serie del volador"; *Litoarte S. de R. L.*; 4,100 ejemplares; Asteriscos de Vicente Rojo), 20-XII-1966; 200 p. (Nota: En aquel entonces aún no existían esos @#%&$ ISBN que tanto me han demorado en llegar).

2) La de mayor calidad visual en sus viñetas (¡aún más nítidas y definidas que la original!, pero con 22 diferencias con la anterior, especialmente tres reemplazos de la "Cruz de las cruzadas" con la "Cruz celta", para dar ¡siete de éstas viñetas!):

Arreola, J. J. La feria. Secretaría de Cultura. Gobierno del Estado de Jalisco. ISBN 978-970-624-576-2 (En pasta dura. Diseño de colección (para la serie: *Letras inmortales de Jalisco*): Avelino Sordo Vilchis. Asteriscos: Vicente Rojo. Composición tipográfica: *Rayuela, Diseño Editorial.* Cuidado de la edición: Patricia Griselda Gutiérrez Navarro. Cuidado del texto: Elizabeth Alvarado, Felipe Ponce y ASV), 145 p., 2008.

3) Las malas versiones existentes en la actualidad, dada la baja calidad visual de las viñetas y debido al reemplazo de veinte de las mismas, aparte del haber eliminado casi desde el principio el mismo Joaquín Mortiz a las cinco viñetas de la portada, las cuales, sin embargo, se pudieran y aún se pueden agregar en la primera hoja de la obra, antes de los "Epígrafes":

Arreola, J. J. "La feria" (pp. 471-617). (En: "Obras", "La feria" editada pésimamente por Saúl Yurkievich). D.F.: *FCE*, 2014:720 p. ISBN 978-968-16-4666-0 (Cuya primera edición se publicó en 1971).

4) Otra mala edición que duplica a las mismas viñetas que se ven en la anterior (¡y que posee un doble ISBN!), es la siguiente:

Arreola, J. J. La feria. *Editorial Planeta Mexicana S.A. de C.V.*, 2006. ISBN 968-27-1007-3 (Edición especial para la Secretaría de Cultura de Jalisco y el H. Ayuntamiento de Zapotlán el Grande, 2008. ISBN: 978-607-7-00015-00; *Litográfica Ingramex S.A. de C.V.*).

5) La más deplorable de todas debido a que ha reemplazado las 80 viñetas originales del texto con siete viñetas sin relación con los fragmentos que se repiten aleatoriamente una y otra vez (lo cual estamos pidiendo que sea rectificado):

Arreola, J. J. La feria. Editorial Planeta Mexicana S.A. de C.V., 2015, 2018. ISBN 978-607-07-2620-0. Diseño e ilustración de portada: Carlos Palleiro, *Offset Rebosán S.A. de C.V.*; 200 p.).

Con la observación de estas referencias podríamos concluir que no existe desde hace bastante tiempo, tal vez desde que las originales versiones de Joaquín Mortiz dejaron de producirse, que no existe en el tiempo actual, decía yo, una versión fiel al texto original de Arreola, especialmente con respecto a sus viñetas, las bellas viñetas que dibujara Vicente Rojo Almazán para Arreola, pero esperamos poder lograr que esto cambie y sea rectificado para que los nuevos lectores vuelvan a tener la dicha de gozar el arte original de "La feria", ¡como Arreola la publicara en 1963!

ACERCA DEL AUTOR

Fernando Castro Chávez fue y continúa siendo alumno de Juan José Arreola, a quien él considera como si fuera su mejor profesor, y el mejor escritor que ha tenido México; es decir, que él continúa aprendiendo de Arreola y de su legado. Profesionalmente posee un postdoctoral en Biología Molecular por los norteamericanos Institutos Nacionales de Salud (*NIH*), habiendo trabajado para su doctorado (PhD) en el Colegio Baylor de Medicina (*BCM*, en Houston, TX), obteniendo éste así como su Maestría (MSc) en la U. de G., mientras que su Licenciatura (BSc) y su Especialidad las obtuvo en la U.A.G.